金粉传奇

JINFEN CHUANQI

粉末冶金与人类文明

FENMO YEJIN YU
RENLEI WENMING

刘咏 习婷 杨雨 ⊙ 编著

中南大学出版社
www.csupress.com.cn
·长沙·

石为铁，百炼成钢，先进的冶金技术磨炼了弘毅坚忍的君子人格；嫦娥奔月，航空航天材料成就的竟是千年前的遥远梦想……

作为一门古老而又现代的学科，中国粉末冶金的发展轨迹被记录在《考工记》《梦溪笔谈》《天工开物》等历史文献中，也隐含在神话、诗词的字里行间，还烙印在陶瓷、铠甲这些器物中，浸润在嵇康、葛洪这些人物的传奇命运中。"红泥小火炉"将白居易的友谊链接到了长沙铜官窑，"嵇康打铁"将男性的健美渲染得淋漓尽致，"胡粉黄丹"在浪漫的道家传说里书写人们对生命健康的不懈追求……粉末冶金的前世与中国传统文化的交织让人心驰神往。

在粉末冶金技术飞速发展的当今，广大科技工作者前赴后继、呕心沥血，倾力打造了粉末冶金学科"无私奉献、求实创新"的精神文化。20世纪中期，黄培云先生临危受命，在极端艰苦的条件下，创建了中国粉末冶金专业；黄伯云先生奋斗于航空摩擦材料领域，为祖国的大飞机翱翔蓝天做出了重大贡献。数十载以来，粉冶人在高温材料、耐磨合金、精密构件、功能器件等领域勤奋钻研，为我国先进飞行器、载人航天、城市建设、资源开发、高端制造等重大战略需求贡献了重要力量……粉末冶金的今生所铸就的中国当代科学精神更让人敬佩万分。

身处各自的研究领域太久、太深，也许其真面目也会变得模糊起来。适时、适度地跳脱出思维的窠臼，开展学科融合，是我们审视自己、博采众长、重新出发的机会，也是编写这本书的动力。作为新时代的科学工作者，为国家的科技自立自强、为经济的腾飞献力、为人民的幸福生活献身是我们共同的志向。我们相信前人的智慧与情怀能够持续激励、鼓舞我们。这是编写这本书的初心。高等学校在传授给学生先进的科学技术知识和娴熟的实验技能的同时，还必须加强学生高尚的道德情操、深厚的文化底蕴和坚定的科学精神的培养，落实"课程思政"的要求。这是这本书的宗旨。

本书第一章"白釉青花一火成——粉末冶金历史的溯源：陶瓷技

术"主要通过陶瓷的发展历史和陶瓷文化传说，描述粉末冶金的起源，同时反映人类文明的思想萌芽和对美好生活的不懈追求。该章的文学历史部分由杨雨主笔，"知识小贴士"部分由刘咏编写。

第二章"君不见昆吾铁冶飞炎烟——块炼铁技术"主要通过古代铁器技术的发展和刀剑文化的故事，描述块炼铁和其他金属的制备技术，同时通过诸侯争霸的故事弘扬勇敢、气节、诚信等价值理念。该章的文学历史部分由杨雨主笔，"知识小贴士"部分由刘咏编写。

第三章"零落成泥碾作尘——粉末登场"主要通过古代丹药、火药、石磨和烟墨的工艺技术，引述出各种粉末的制备技术，同时通过道教和其他文学故事，彰显我国的传统文化自信。该章的文学历史部分由王雨墨主笔，"知识小贴士"部分由周承商、吴宏编写。

第四章"金甲耀日光——粉末成材"主要通过古代面食、土楼和地形图的制作，引述出粉末的各种先进成形技术，通过文学故事、战争故事反映安身立命和治国理政的智慧。该章的文学历史部分由习婷主笔，"知识小贴士"部分由张立军编写。

第五章"百年宇宙登临壮——强国梦与现代粉末冶金"主要通过我国粉末冶金的发展历程，反映黄培云、黄伯云等我国一代代粉末冶金工作者不畏艰难、刻苦攻关、为国奉献的精神，也体现了我国走科技自主创新之路的坚强实力和坚定决心。该章的文学历史部分由唐苗主笔，"知识小贴士"部分由李昆编写。

全书的图饰由毛逗负责，文字统稿和校核由刘咏、杨雨、习婷、成娟阳负责。

这本书只是我们尝试将人文科学与自然科学打通的一个起点，希望借此开启新一代科技工作者兼具深厚人文意识与科学精神的培养之路。我们在撰写过程中，不断进行了不同学科、思想、时空的碰撞与穿越，限于知识水平和思想深度，书中不当之处，恳请读者不吝批评指正。

或许正如粉末冶金的渊源女娲造人的神话一般，自然科学技术与人文情怀不应该仅仅只是泥和水"相看两不厌"的远远守望，而更应该是"将咱两个，一齐打破，用水调和。再捏一个你，再塑一个我。我泥中有你，你泥中有我"的不可分离。

科技与人文，期待完全的"泥水交融"。让我们一起守望人间美好，勇创科技辉煌。

作者
2021年11月

目录

C O N T E N T S

第一章

白釉青花一火成——粉末冶金历史的溯源：陶瓷技术

第二章

君不见昆吾铁冶飞炎烟——块炼铁技术

第三章

零落成泥碾作尘——粉末登场

第四章

金甲耀日光——粉末成材

第五章

百年宇宙登临壮——强国梦与现代粉末冶金

粉末冶金工艺流程

1. 粉末制备

2. 压制成型

3. 高温烧结

绘图—谢欢喜

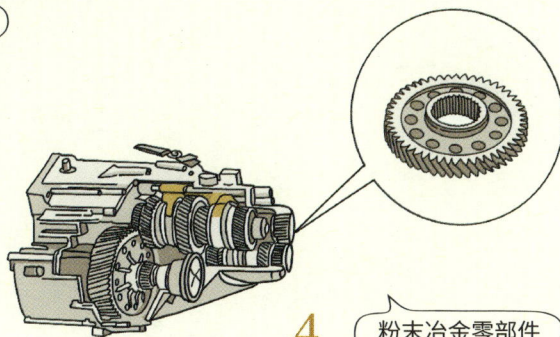

4. 粉末冶金零部件

第一章

白釉青花一火成

——粉末冶金历史的溯源：陶瓷技术

JINFEN CHUANQI
FENMO YEJIN YU
RENLEI WENMING

第一节
女娲戏黄土——陶文化起源

一、"抟黄土作人"与女娲神话中的厚生爱民意识

"女娲忽然醒来了……伊在这肉红色的天地间走到海边，全身的曲线都消融在淡玫瑰似的光海里，直到身中央才浓成一段纯白。波涛都惊异，起伏得很有秩序了，然而浪花溅在伊身上。这纯白的影子在海水里动摇，仿佛全体都正在四面八方的迸散。但伊自己并没有见，只是不由的跪下一足，伸手掬起带水的软泥来，同时又揉捏几回，便有一个和自己差不多的小东西在两手里……"

在中国的神话故事里，人类历史上的第一个人由此诞生——他（她）由女娲用带水的软泥揉捏而成。虽然这段文字出自鲁迅的《故事新编·补天》，但女娲抟土造人的故事早在远古时代就已在中国大地上广为流传。屈原《天问》中就曾向女娲发问："女娲有体，孰制匠之？"屈原这一问大概问出了我们所有人心中的困惑：既然人类的身体是由女娲创造出来的，那么请问，女娲自己的身体又是由谁创造出来的呢？

这样的问题或许没有谁能够回答，因为在上古先民的思维体系中，"人"之上的"神"的世界不是人类能够轻易质疑的，但人类始

终在努力探究这个世界的所有谜底，包括女娲究竟怎样创造了人类。鲁迅的文字显然是从早期的神话中演绎而来。

关于女娲抟土造人较为完整的记载最早出自东汉末年应劭所著的《风俗通义》。据说天地开辟的时候，还没有人民，是女娲"抟黄土作人"。抟，捏聚成团也。看来，女娲是从水中的倒影看到了自己的样貌，于是按照自己的形象将泥土捏聚成型。或许一开始，她对这项"艺术创作"是饶有兴致的，毕竟，若是苍茫的天地间只有她一个人，那也太孤独太单调了，而当第一个、第二个……第一群、第二群小泥人变化成真的人类时，他们用彼此能够听得懂的语言交流，用彼此能够接受的方式给予陪伴，那幅温暖而祥和的场景一定是让女娲颇感欣慰的。

不过，这项捏泥巴造人的工作实在太过繁重，女娲一个人累得筋疲力尽，到后来她只好牵引着绳子蘸上泥浆，然后再举起绳子甩出去，溅到地上的无数小泥点也变成了人……传说，女娲精心捏制的小泥人成了人类中高贵富有的群体，而甩出去的泥点子则变成了人类中平庸卑贱的群体。[①]

这则神话故事通常被认为在中国文化中具备了三层特殊的含义：首先，它赋予了女娲以"化生万物的始母神神格"，创造人类的神灵是一位女性，这分明是上古时期母系氏族文化在神话中的反映；其次，抟黄土作人"大约是人类文化史上制陶技术的发明在神话中的投影"[②]；最后，小泥人和小泥点富贵与贫贱的分化也反映出上古社会已经产生的等级意识。

作为人类起源神话，抟黄土作人并非中国的独创。世界很多地区例如古埃及、古希腊的起源神话中都有泥土造人的相似情节。古犹太

---

① 应劭《风俗通义》逸文："俗说天地开辟，未有人民，女娲抟黄土作人。务剧，力不暇供，乃引绳于泥中，举以为人。故富贵者，黄土人也，贫贱者，绳人也。"

② 杨利慧. 女娲神话研究史略 [J]. 北京师范大学学报（社会科学版），1994(1)：96.

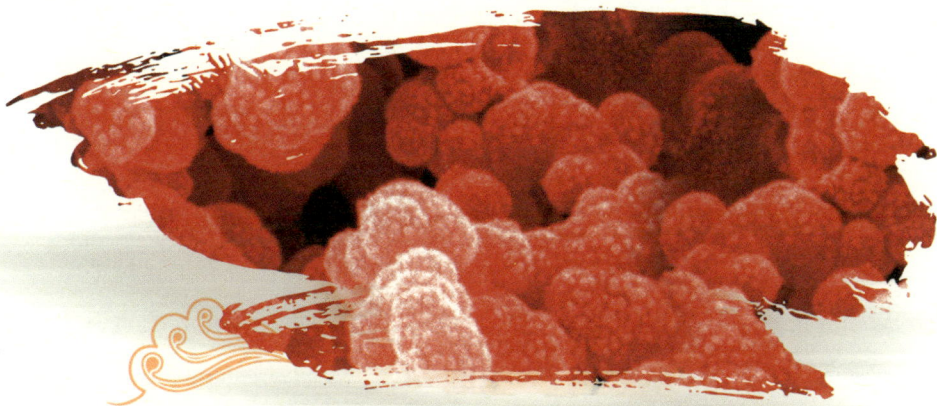

诗 **"花重锦官城"**

玻璃陶瓷表面矿化形成羟基磷灰石

（图片来源：刘咏）

人也在《圣经》中宣称：上帝用地上的尘土造出亚当，又从亚当身上抽出一根肋骨，制造出夏娃。至于中国的女娲用"黄土"造人，据学界推测，或许是因为"中国拥有广大的黄土区域，而中国人的肤色又与黄土相近"[①]。上古的中国人，大多过着面朝黄土背朝天的生活，对黄土地的依赖与热爱，构成了中国传统农耕文化的重要部分。

尽管女娲造人的神话早在远古就已流传，但抟黄土作人的情节进入到文学题材中，却始于唐代浪漫诗人李白。李白在天宝元年至天宝三载之间曾经被唐玄宗召入朝廷供奉翰林，在此期间他写下了歌颂唐玄宗的《上云乐》一诗，其中有这样四句："女娲戏黄土，团作愚下人。散在六合间，濛濛若沙尘。"在李白的笔下，女娲用黄土制造出来的那些芸芸众生，平凡卑贱如天地间的沙尘，以此来反衬唐玄宗的伟大。

---

① 王国璎. 中国文学史新讲：上 [M]. 台北：联经出版事业股份有限公司，2014：32.

唐代的浪漫不是只有李白，唐代的小说故事也将女娲抟黄土作人的神话改编成了更为浪漫的、夫妇合力创造人类的新版本：

当初宇宙初开的时候，天地间只有女娲兄妹两人生活在昆仑山上（据说女娲之兄就是著名的伏羲氏，唐代卢仝的《与马异结交诗》云："女娲本是伏羲妇。"）。兄妹俩商量，既然天下没有人民，不如咱俩就结为夫妇繁衍后代吧！可是那时的他们就已经有了兄妹不能成婚的伦理认知，想来想去，他们只能到昆仑山上祈求上天的指引："如果上天要派我们兄妹二人结为夫妻创造人类的话，请让山上的烟雾都合拢起来；若不允许，那就让烟都消散了吧。"话音刚落，烟雾迅即聚拢起来。于是妹妹女娲就嫁给了哥哥。可毕竟兄妹的关系让他们免不了感到羞耻，所以女娲用山上的野草编织成扇子，遮住自己的面孔来克服心理障碍。后来就形成了婚礼上新娘子要持扇遮面的风俗，[①]再传到后来又演变成了新娘子的红盖头……

女娲兄妹成婚创造人类的故事，是不是和亚当夏娃偷吃伊甸园禁果的传说异曲同工呢？至少，中国文化中，女娲显然成了延续人类的婚姻之神。

有意思的是，很多很多年以后，泥土与水的交融方式持续发酵成了民间对于爱情婚姻的理想描述：传说元代第一才女管道昇在得知她的丈夫——元代第一才子赵孟頫有纳妾的打算时，写了这样一首曲子给丈夫：

> 你侬我侬，忒煞情多。情多处，热似火。把一块泥，捏一个你，塑一个我。将咱两个，一齐打破，用水调和。再捏一个你，再塑一个我。我泥中有你，你泥中有我。与你生同一个衾，死同一个椁。

---

① 《独异志》卷下："昔宇宙初开之时，只有女娲兄妹二人在昆仑山，而天下未有人民。议以为夫妻，又自羞耻。兄即与其妹上昆仑山，咒曰：'天若遣我兄妹二人为夫妻，而烟悉合；若不，使烟散。'于烟即合，其妹即来就兄，乃结草为扇，以障其面。今时人取妇执扇，象其事也。"

现代的吴语"侬"代表"你"的意思，古代的吴语则也可称"我"为"侬"。赵孟頫是湖州人（今属浙江），管道昇是他的同乡，因此管夫人一开始就运用了夫妻双方都觉得特别亲切的方言，来表达自己的态度："我呀你呀，你呀我呀，就是感情太好太黏糊了啊！咱俩感情好的时候，热情燃烧得就像一把火一样。我和你，本来就好像是泥巴捏成的两个小泥人，将两块泥巴打碎了，用水和在一起充分搅匀，然后用这团和匀了的泥巴再捏成一个你，捏出一个我，再也分不清哪块泥巴是原来的你，哪块泥巴是原来的我了。我中有你，你中有我，咱俩早就融为一体，成了同一个人，早就分不出谁是你、谁是我了。我和你，活着就要盖同一床被；就是死了，也要睡在同一口棺椁里，生生死死，永不分离！"

管夫人的这首曲词被称为《我侬词》或者《我侬曲》，这首曲子最重要的创意是将夫妻之间的关系用捏泥人来打比方：丈夫和妻子在相识相爱之前，本来只是两个互不相干的陌生人，可是一旦成为夫妻，便好比是用水重新调和了泥巴，将两个完全独立的个体糅合成了同一个人，再也分不清是你还是我。

据说，当赵孟頫读完《我侬词》时，既为夫人的深情而感动，又为夫人的智慧而感到羞愧。当然，夫人那种幽默与诙谐的语气，也让他在汗流浃背的惭愧过后，还为夫人的幽默与豁达忍俊不禁。赵孟頫从此打消了纳妾的念头，夫妻相守，白头偕老，演绎了一段爱情佳话。

完全的"泥水"交融，是最令人向往的婚姻状态。而这样的状态算不算是女娲抟土造人在后世的余音回响呢？

在女娲造人的神话进入文献记载之后不久，女娲补天神话也出现在了典籍之中。《淮南子·览冥训》有这样的描述：上古之时暴发了一场巨大的自然灾害，新开辟的天地居然是"豆腐渣工程"，支撑天空的四根顶梁柱坍塌了，导致天崩地裂，洪水滔滔不绝，森林大火久久不息，猛兽四处肆虐，人民生活苦不堪言。在这样的危难时刻，又是女娲挺身而出，"炼五色石以补苍天"，又折断巨型海龟的四只脚

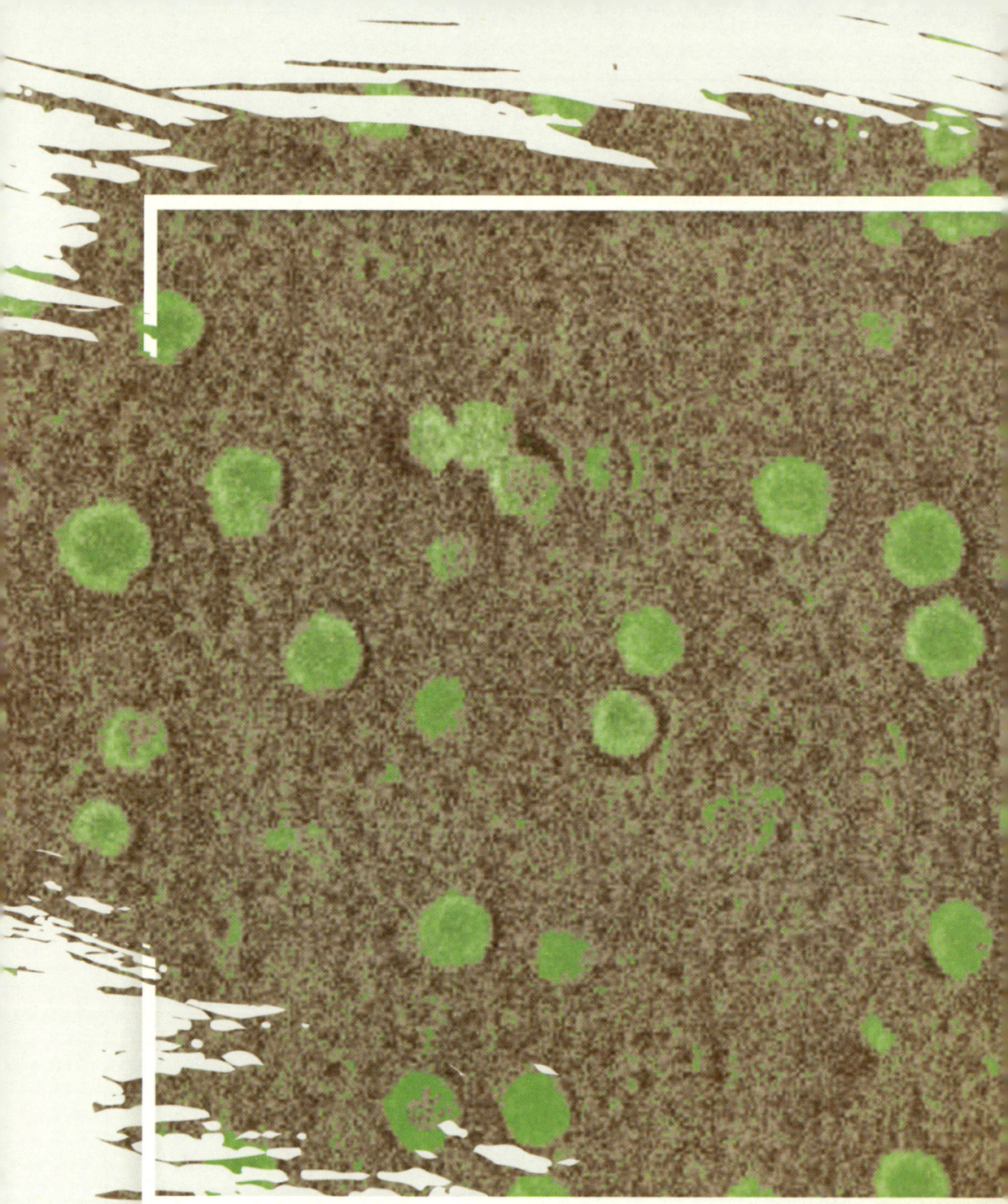

诗 "春色三分，二分尘土，一分流水"

玻璃陶瓷中云母颗粒的形核

（图片来源：刘咏）

充当顶天柱，杀死兴风作浪的黑龙，用芦灰阻塞洪水……于是天地得以再现太平，人民生活得以重归安宁。[①] 古人以青、赤、白、黑、黄五种颜色为正色，女娲炼就的补天石不知是否就是这五种颜色。无论如何，炼石补天的女娲似乎又具备了原始的"工匠精神"。

更值得一提的是，在《淮南子·览冥训》的记述中，女娲补天之功如此伟大，堪与日月同辉，但她"不彰其功，不扬其声，隐真人之道，以从天地之固然"，默默退隐，显示出功成身退的超然与淡泊。

当然，还有另外一种说法，女娲完成这一切工作之后，自己也耗尽心血倒地而亡。而即便是她的死亡，也焕发出令人震撼的异彩：她的身体变成了十个大神，在辽阔的荒野中继续守护着这片人类赖以生存的土地。[②]

女娲已死，却终究遗爱人间。

无论是抟黄土作人，还是炼五色石以补苍天之后的悄然归隐，有关女娲的神话都让我们看到了中国传统文化中一位善良、勇敢、宽厚、智慧、灵巧并且慈爱的女神形象。正因如此，女娲造人与补天的神话顺理成章演变成为文学中被频繁吟咏的经典母题。例如大唐盛世中那位最有风度的宰相诗人张九龄就写下过这样的诗句来歌颂女娲补天的壮举："应是女娲辈，化工挥巧斧。掀翻煮石云，大块将天补。"（《九度仙楼》）女娲鬼斧神工的技能与大济苍生的胸怀赋予了女娲这一文学形象以崇高的品格，尤其是补天神话还衍生出救世济民的儒者理想，每每在国家面临内忧外患之际，就会有仁人志士热切呼唤着补天的女娲再世。例如，宋代苏辙的《江州五咏·浪井》诗："谁为女娲手，补此天地裂。"又如宋代抗金名臣

---

① 《淮南子·览冥训》："往古之时，四极废，九州裂，天不兼覆，地不周载。火爁炎而不灭，水浩洋而不息。猛兽食颛民，鸷鸟攫老弱。于是女娲炼五色石以补苍天，断鳌足以立四极，杀黑龙以济冀州，积芦灰以止淫水。"

② 《山海经·大荒西经》："有神十人，名曰女娲之肠，化为神，处栗广之野；横道而处。"

李纲的《戏成绝句三首》其二："粼粼溪底石，五色粲坚圆。安得女娲手，炼之将补天。"

中国文人想象力之丰富，总是能将古老的神话演绎出更为丰富的色彩，诗人们甚至想象：即便是心灵手巧如女娲，在炼石补天的时候也不一定能计算得那么精确，她辛苦炼成的每一块石头不一定都能与天上的那个大裂洞无缝对接吧？于是诗人们就有了这样的推测：女娲补完天之后一定还会剩下一些没用上的石头，而经历过女娲冶炼的补天石一定具备了普通石头所没有的神性。正如元代诗人胡祗遹《华不注山》诗中写的那样："女娲补天炼云腴，偶遗一峰投齐墟。"胡祗遹这两句诗将今天的济南华山（古称华不注山、金舆山）想象成是女娲补天时偶尔遗落到人间的一块石头，因此它自有一种独立于世、不与乱石杂处的傲然姿态。而更令人惊叹的再创造则出现在了《红楼梦》中。

《红楼梦》的男主角贾宝玉佩戴的那块通灵宝玉，据称是女娲补天炼成的三万六千五百零一块石头中的一块。女娲只用了三万六千五百块，剩下的这一块"顽石"因为经过女娲的精心锻炼早已通了灵，它看到自己的同伴都能在补天大业中立下神功，"独自己无材不堪入选，遂自怨自叹，日夜悲号惭愧"。正当他独自嗟叹之时，遇到一僧一道，将他点化成一块鲜明莹洁的美玉，缩成扇坠大小，带下凡间，去经历世间的一番悲欢离合……女娲遗落的这块灵石由此成为引领《红楼梦》全部情节的一条主线，这大概是女娲补天神话在中国传统文学中到达的最高审美境界了。

顺带说一句，在中国的古老神话中，女娲的"工匠"气质还不止于抟黄土作人与炼五色石补天，她还是中华乐器的始祖。传说"女娲作笙簧"，苏轼就写过"孤松吟风细泠泠，独茧长缫女娲笙"（《瓶笙诗》）的诗句。只不过，比起造人与补天的丰功伟绩，创制乐器这样的"小发明、小创造"似乎都不值一提了。毕竟，类似于补天这样的题材"已经由先民抗洪抗震的历史记录，变成了中华民族战天斗地、英勇不屈精神的真实写照和优美表现，进而逐渐积淀形成了民族精神的重要组成部分"[①]。

的确，中国早期的神话以女娲造人造物与炼石补天为代表，主要反映了中国文化中厚生爱民的情怀。神话人物也大多是老百姓翘首企盼并衷心拥戴的为民除害造福的英雄，这与古希腊神话中诸神"斤斤于个人恩怨甚或沉溺情欲成为鲜明的对照"[②]。

我们的神灵，虽然高高在上，却在对芸芸众生的庇护中奉献着毕生的智慧与力量，不计名利、不计个人付出的代价，一点一点，艰难却又执着地弥缝着这个世界的种种缺陷，引领天下苍生通往更为幸福的明天。

二、上古制陶历史中的仁爱勤政思想

女娲抟土作人的神话折射出上古时代制陶技术的发明。上古时，人们的确在生活中已经广泛使用陶器。例如《韩非子》记载："臣闻昔者尧有天下，饭于土簋（guǐ），饮于土铏（xíng）。"簋是盛食物的器皿，也可以用作礼器，土簋相当于陶土制成的食器；铏则是用来盛汤羹的小鼎，通常是两耳三足，有盖，土铏也指陶质的汤器。这段文字说明，在尧的时代，陶器已经成为日常器皿了。

《史记·五帝本纪》中还有一段这样的记载："（舜）陶河滨，河滨器皆不苦窳（yǔ）。"这段文字原意是赞扬舜的道德魅力——舜在河滨做陶器的时候，那个地方本来粗糙劣质的陶器都变得精致起来，工匠们再也不偷工减料、粗制滥造了。那么，舜为什么要做陶器呢？原来这和上古时代的禅让制有关。

尧在位七十年的时候，感觉到岁月不饶人，尧自己的儿子丹朱又很不成器，于是，尧开始琢磨着要物色、培养优秀的接班人了。尧就

---

① 张林. 中华典故 [M]. 上海：上海交通大学出版社，2017：160.

② 章培恒，骆玉明. 中国文学史新著：上卷 [M]. 上海：复旦大学出版社，2007：40.

向身边的辅臣们咨询，要求他们分别举荐合适的人选。没想到，辅臣们没有推荐那些贵戚，而是不约而同推荐了舜，因为当时舜孝顺贤德的名声早已传扬开来。辅臣们都说："民间有个未婚的男子叫作虞舜，名声非常好，他应该是最合适的继承人了。"尧一听，马上就反应过来了："我也听说过舜这个人，既然你们都说他为人仁孝，又很有智识，那我倒要好好考察一下他了。"

这一年，舜刚好三十岁。

尧考察接班人的方法也很特别，他先将自己的两个女儿一起嫁给了舜，看看一介平民舜能不能和这两位出身高贵的女子好好相处。

舜果然没有辜负尧的期望，他的出身虽然比两位妻子要低贱很多，可是他与妻子的相处不卑不亢，互敬互爱。渐渐地，尧的两个女儿不仅没有因自己出身高贵而藐视舜，还深深地爱上了舜。

除了嫁女儿之外，尧又安排了九位臣子去辅佐舜。尧发现，随着舜和这九个人相处时间的增长，九位辅臣对待舜越发尊重和恭敬。舜去历山种田，因为受到他的人格魅力的感召，邻近的种田人都互相谦让，不但没有抢占良田的事件发生，反而是在田地交界的地方人人都尽量让对方多占有一些土地；舜在雷泽打鱼的时候，雷泽的人都互相推让居住的地方……舜走到哪里，就会将那种礼敬谦让的风气、精益求精的工匠精神带到哪里。在他的榜样光辉烛照之下，不仅工匠们制作的陶器越发精美，连民风也越来越淳朴。舜的人格魅力具有润物细无声的感染力，化解着人们的愚钝和狭隘。所以，舜的住所周围，人也会越聚越多，一年的时间就会形成一个人口聚居的村落，两年的时间就会成为一个人口众多的城邑，三年就成了一个繁华富庶的大都会了。

正是因为舜具有这样仁爱和智慧的禀赋，在经过长达二十年的考察之后，尧终于放心地将国事一步步交与舜来打理。舜五十岁的时候，尧让舜摄行天子之政。八年之后，尧崩逝。尧在禅让之前，曾经说过这样一句话："我如果把天下交给我的儿子丹朱，那么丹朱一定会很高兴，可天下人从此就要遭殃了；如果我把天下托付给舜，那丹朱肯定不高兴，但天下人从此会过得更加幸福。我宁可让丹朱一个人不高兴，也不能让天下人遭殃。"因此，尧最终将治理天下的重任交付给了舜。舜为尧守丧三年之后，在六十一岁的时候践天子位，成为历史上的五帝之一——舜帝。

舜帝在位的三十九年中，凭借他的仁爱之心和举贤任能的智慧，将天下治理得井井有条。后人谈起上古时代的明君，总是"尧舜"并称，他们治理下的国家代表了人们心目中和谐安乐、民风淳朴的理想之国，成了和谐盛世的象征，是上古时期政治上的温暖春天。

而这段历史，也从另一个侧面反映出在舜的时代，陶器工艺已经有了更进一步的发展。

不仅在史书中有关于上古陶器发展的记载，文学作品中同样有所反映。《诗经·大雅·绵》是一首叙述周民族创立的史诗：周文王的祖父古公亶父本来居于豳（bīn），因为遭到狄人的不断骚扰，迁居岐山之下，定国号为周。后来周武王灭掉商纣王，追尊祖父为太王，古公是其号，亶父则是名。诗的第一章就写到了"古公亶父，陶复陶穴，未有家室。""陶"在这里用作动词，是冶炼烧制的意思；"复"指的是一种储藏谷物粮食的地窖。"陶复陶穴"就是说古公亶父用冶炼出来的红烧土构筑地窖，因为这样的材料和构造比较坚固，还能够防潮。周代还有专门执掌制造陶器的官员，名为"陶正"。《左传·襄公二十五年》即有载："昔虞阏父为周陶正，以服事我先王。"虞阏父是舜的后人，曾在周武王时任职陶正，看来这也是得益于舜制陶的"家学渊源"了。

"陶"这个汉字的起源和陶器的制造发明有着密不可分的关系。陶，形声字，本作匋，从缶，勹是声旁（读如"包"）。缶是象形字，像瓦器之形，瓦器可以用来盛酒浆，也可以用来汲水，金文的字形像是一个人正弯着身子伸出手制作瓦器的样子。因此匋本义是"瓦器"，后来加上一个偏旁"阜"，意思是从土山取陶土制作瓦器。春秋以后，缶亦有用铜来制作的，可以作为乐器。《史记·廉颇蔺相如列传》中记载蔺相如出使秦国的时候，秦王要求赵王鼓瑟以侮辱赵王，蔺相如则针锋相对请秦王击缶，在外交尊严上扳回一局。此处的缶即为秦地的常见乐器。

埙也是上古常见的一种陶质乐器，又称"陶埙"。《诗经·小雅·何人斯》云："伯氏吹埙，仲氏吹篪（chí）。"埙和篪都是发源很早的古代乐器，土曰埙，竹曰篪。《尔雅注疏》郭注："埙烧土为之，大如鹅子，锐上平氏，形如称锤，六孔。小者如鸡子。"在这两句诗中，大哥吹埙，二哥吹篪，埙与篪合奏时，乐声彼此迎合，于是后来汉语中常以"埙篪"比喻兄弟感情亲密和睦。

陶瓷的"瓷"造字思路和"陶"类似。瓷也是形声字，从瓦，次声，本义也是一种瓦器，篆书的字形像是相扣的两片瓦，表示瓷是用土烧制的质地坚硬、色泽精美的瓦器。次除了表声，还有"第二"的含义，表示第一次入窑烧成的是陶器，涂上釉后第二次才烧成为瓷器。从字形字义来看，瓷器应是陶器发展的更高级阶段。而陶瓷在其后的历史中，还成为享誉世界的"中国制造"，和茶叶一起，在丝绸之路上扮演着当之无愧的"主角"。

三、知识小贴士：凝土以为器的制陶工艺

女娲造人的故事无疑源于陶瓷制作工艺。"陶"和"瓷"概念略有不同。陶器制作原料较简单，烧成温度低，品相不够光滑；而瓷器通常做工精细，高温烧成，外表光洁，造型优美。从发展历史看，先有"陶"，后有"瓷"。然而，"陶"和"瓷"长期共存，不能说孰优孰劣，功用各有千秋，艺术表现形式也各有特色。

古人类在一万多年前就开始了用泥土制作陶器。这也是人类从旧石器时代向新石器时代发展的重要标志，即人类能够利用大自然的资源，发明较复杂工艺，创造满足自己需要的劳动工具。陶器的起源主要来自人类对食物高温烹煮、日常盛放和储存用具的需要。人类解决

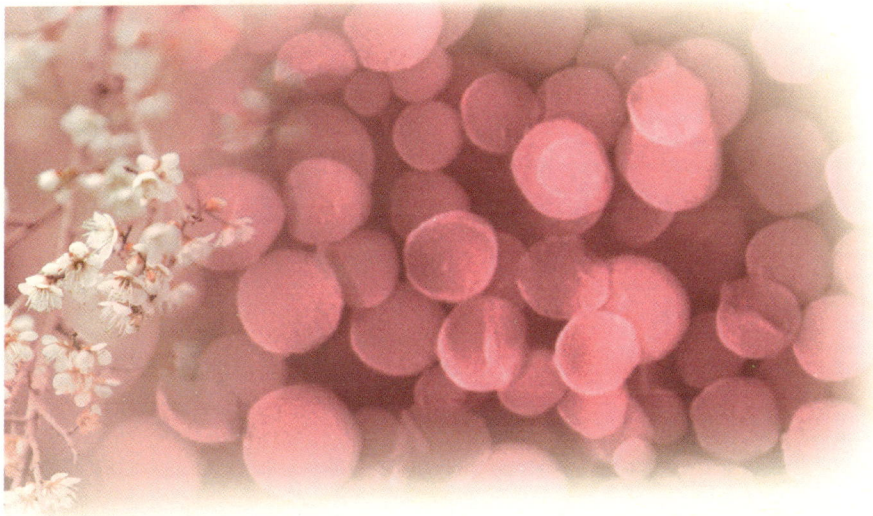

诗 "紫陌红尘拂面来"

玻璃陶瓷中云母颗粒的长大

（图片来源：刘咏）

了果腹之忧后，进而有了更高的精神追求。彩陶和纹饰开始出现在陶器上。距今八千多年前，我国彩陶最早发源于黄河流域，色彩较多，图案生动。在龙山文化、马家窑文化时期，陶器制作与应用均到达了辉煌阶段。秦汉时期，由于瓷器的大量普及，作为日用品的陶器不断减少，通常被用作瓦当、装饰品和墓葬用品等。秦始皇陵兵马俑便是典型的陶器随葬品。举世闻名的唐三彩，作为陶器的巅峰之作，也被应用于墓葬。

"陶"和"瓷"的制作工艺原理是一样的，都是以黏土为原料，通过制坯成型，干燥，高温煅烧和后续修饰加工，获得具有不同形状、功能和艺术表现力的器皿。然而，"瓷"的工艺远比"陶"的工艺精细、复杂、技术难度高。为方便起见，下文将"陶瓷"工艺合并介绍。

陶瓷的主要原料是黏土，由硅酸盐矿物在地球表面风化后形成，其主要成分为氧化硅与氧化铝。黏土名称来自唐孔颖达的"疏"："《考工记》用土为瓦，谓之抟埴之工，是埴为黏土，故土黏曰埴。"黏土分为原生黏土和次生黏土。次生黏土风化程度高，含金属氧化物较多，色深而耐火度较低，为配制陶土之主要原料。原生黏土颗粒较大而成分接近原来的矿石，色白而耐火，为配制瓷土的主要原料。瓷器的重要原料——高岭土，即为原生黏土。其他的陶瓷黏土原料还有膨润土、球土等，不同的原料由于成分差异使得烧制成的陶瓷色泽差别明显。陶瓷的重要辅助原料——颜料添加剂，是以色基和熔剂（石灰、方解石）或其他添加剂配制而成，呈现不同色彩以装饰陶瓷。陶瓷颜料呈现出的不同颜色主要是因为含有不同的金属离子原料。例如，青花色为钴青料，最初用由西域传入的含钴琉璃色玻璃，后用本土产的天然黑娲色矿物、钴土矿等。釉里红是由于铜离子在不同环境和温度下会氧化成不同氧化物和颜色。黄釉则以铁黄（土黄、生赭）为主，也有锆黄、镉黄、锑黄等。

以景德镇瓷器为例，陶瓷制作工艺主要分为以下几个步骤：

1. 采石炼泥

《景德镇陶歌》云："在山石骨出山泥，水碓舂成自上溪。要是高庄称好不，不船连载任分携。"从矿区采取瓷土，以高岭土村的最好，粗破碎后利用水碓舂打成粉状，然后进行陶炼。《〈陶冶图〉说》："以水缸浸泥，木耙翻搅，漂起渣滓，过以马尾细箩，再入双层绢袋，始分注过泥匣钵，俾水渗浆稠。用无底木匣，下铺新砖数层，覆以细布大单，将稠浆倾入，紧包，砖压吸水。"该过程的主要目的是除去黏土中的粗渣和杂质，使其中的细粉末均匀分散，充分吸水，提高成型性能，获得好的瓷器原料。随后，还需炼灰配釉，"以青白石与凤尾草制炼，用水淘细而成"（《〈陶冶图〉说》）。釉灰制作原理是将生石灰（氧化钙）加水变成熟石灰（氢氧化钙），再与凤尾草叠加煅烧，利用凤尾草产生的二氧化碳把熟石灰变成碳酸钙。将细泥与灰按比例配制，"泥十盆，灰一盆，为上釉；泥七八，灰二三，为中釉"。

2. 修模拉坯

《景德镇陶歌》云："几家圆器上车盘，到手坯成宛转看。坯堞循环随两指，都留长柄不雕镘。"《〈陶冶图〉说》又云："圆器就轮车拉坯……车如木盘，下设机轴，俾旋转无滞，则所拉之坯无厚薄偏侧之患。……又有泥作，抟泥融结，置车盘。拉坯者坐车架，用一竹杖拨车走轮。双手按泥，随其手法之屈伸收放，以定圆器款式。"盘、碗、盅、碟等圆器即是通过车盘形成粗坯。由于陶瓷粗坯烧结后，尺寸发生收缩，通常"一尺之坯，止七八寸"，因此，为了保证成品尺寸一致性，粗坯大小须与事先制作的"模范"一样。对于瓶、罍、尊、彝等浑圆的琢器，则在拉坯后，"候干，仍就轮车刀旋。定样后，以大羊豪笔蘸水洗磨，俾极光洁。然后吹釉入窑，即成白器。如画料罩釉，即为青花"。

3. 印坯乳料

印坯的目的是在模具辅助下进一步修型。《景德镇陶歌》云："坯乾不裂更须车，刀削圆光不少差。此是修身正心事，一毫欠缺损光华。""拉成之坯，候干定，用修过的模子套上，以手按拍，使周正匀结，然后退下，阴干，以备旋削。"（《〈陶冶图〉说》）乳料是将颜料用的原料精细研磨，需要慢工出细活，时间很长，多以老弱病残者为之。《景德镇陶歌》云："痀瘘自古善承蜩，瘸拐疲癃孰肯招。却与坯房供乳料，尽推王政到熙朝。"《〈陶冶图〉说》描述乳法则云："用研钵，贮矮凳。……人坐凳，握槌乳之。每月工值三钱，亦有乳两钵，夜至二更者，倍之。老幼残疾，借此资生焉。"可见该工种报酬极低，而且常须日夜劳作。

4. 制画上釉

修模后的瓷坯，就可以用乳料后的颜料，绘制青花、彩案和上釉了。对于"圆器青花"，分工精细。"画者、染者，分类聚一室，以成画一之工。至如边线青箍，出旋坯之手，识名书记，归落款之工。"（《〈陶冶图〉说》）而对于琢器制画，则"有彩绘、雕镂之异。仿旧须宗雅则，肇新亦有渊源。或相物而赋彩，亦范质而施彩"。对于青料绘制的审美标准，《景德镇陶歌》云："青料惟夸韭菜边；成窑描写淡弥鲜。正嘉偏尚浓花色，最好穿珠八宝莲。"青花绘制后，须及时上釉，否则入窑后色泽消散："白釉青花一火成，花从釉里吐分明。可系造物先天妙，无极由来太极生。"（《景德镇陶歌》）上釉分为蘸釉和吹釉两种："今于圆器之小者，仍于缸内蘸釉，其琢器与圆器大者，用吹釉法。"（《〈陶冶图〉说》）吹釉技术要求高，工序多，然吹者形态优雅，技艺娴熟："看他吹釉似吹箫，小管蒙纱蘸不浇。坯上周遮无糁漏，此中元气要人调。"（《景德镇陶歌》）

诗 "接天莲叶无穷碧"

粉末冶金铁基高温合金组织

（图片来源：温玉仁）

5. 旋坯挖足

旋坯是将瓷坯放于辘轳车的利桶上，转动车盘，用刀旋削，使坯体厚度适当，表里光洁，使器物形体连贯、规整一致。《〈陶冶图〉说》："旋车与拉坯车相等，中心多一木桩……旋时，坯合桩上，拨轮转旋，用刀旋之，则内外光平。"挖足是去掉在拉坯时留的泥把。《〈陶冶图〉说》："挖足者，拉坯时，足下留一泥靶，长二三寸，画坯、吹釉，便于执持，工竣去把，挖足书款。"也就是《景德镇陶歌》所述："画坯罩釉事完全，干定仍车碗足弦。盖线交他图记手，总题宣德大明年。"至此，瓷坯加工大部分完成，可放置在木架上晾晒至干。最后，还可在已干的坯体上刻画出些许花纹。

6. 入窑烧制

《〈陶冶图〉说》："坯成装匣，付窑户入窑，分行列之。中间稍疏，以通火路。"将瓷坯装入专门制作的匣钵，是为了防止其与窑火直接接触，避免污染。"器满发火，砖涂塞窑门，留一方孔，投松片不得停。候匣钵作银红色，止火。又一昼夜，开窑。"根据现代测量，窑炉温度高达1300℃左右。然而，古代窑炉温度主要依据师傅的眼睛观察，需要经验。《景德镇陶歌》云："满窑昼夜火冲天，火眼金精看碧烟。生熟总将时候审，此中丹诀要亲传。"此外，为了保证窑炉的四周温度均匀，发火时还须泼水引火，气势蔚为壮观。《景德镇陶歌》云："窑火如龙水似云，火头全仗水头分。羡他妙手频挥泼，气满红炉萃晓氛。"瓷器烧成即开窑。"入窑至出窑，以三日为率。第四日晨开窑"。然而，此时窑温尚高，操作师傅须做好用厚布蘸水、湿布裹面等防护措施，正如《景德镇陶歌》所云："开封火窑尚炎炎，抢掇红窑手似钳。莫笑近前热炙手，齐威不似相公严。"

7. 圆琢洋彩

"圆琢白器，五彩绘画，仿西洋曰洋彩。"（《〈陶冶图〉说》）釉上彩如五彩、粉彩等，是在已烧成的白瓷釉面上描绘纹样、填彩，再入炉以低温烘烧。《景德镇陶歌》云："白胎烧就彩红来，五色成窑画作开。各样霏花与人物，龙眠从此向瓶罍。"烧制彩绘的窑炉温度不高，一般为800～900℃，又有明炉、暗炉之分。小器用明炉，大件则用暗炉。《景德镇陶歌》云："明炉重为彩红加，釉料全凭火色华。我爱鸡缸比鸡子，珍珠无类玉无瑕。"

第二节

古岸陶为器——陶瓷窑炉

一、长沙铜官窑里的动人爱情与友情

那是一个飘着雪的早春，冬的足音尚未走远，寒冰尚未消融。

那是白居易一个人的黄昏。一个人的寂寞与寒冷，需要另一个人的陪伴与温暖。

于是，白居易写下了一封邀请函，他想"快递"给离他家最近、离他的心也最近的那个人。世界上最浪漫的邀请函就此诞生了。但，白居易没想到的是，在一千多年后的今天，这封邀请函还会走红网络，多少年来，它的浪漫不断被模仿，却从未被超越。

这封史上最浪漫的邀请函，只有四句话二十个字。

被邀请的对象真实姓名不可确考，我们只知道，他排行第十九，白居易称他为"刘十九"。

> 绿蚁新醅(pēi)酒，红泥小火炉。
>
> 晚来天欲雪，能饮一杯无？　　　　　　（《问刘十九》）

《问刘十九》有可能写于元和十二年(817)，这一年，白居易45岁。当时他正在江州，也就是今天江西的九江，他的身份是江州司马。白居易那首著名的长篇叙事诗《琵琶行》也是写于江州，所以

《琵琶行》的最后两句是："座中泣下谁最多，江州司马青衫湿。"江州司马就是白居易的自称。

元和十二年，是白居易到达江州的第三年。他来到这里做江州司马并非正常的职务调动，他是被贬谪到这里来的——这也是白居易人生当中遭遇的第一次贬谪。所以，那也是白居易人生当中的第一个漫漫寒夜，他甚至有过心如死灰的感慨："浔阳迁客为居士，身似浮云心似灰。"（《赠韦炼师》）

就在白居易人生的第一次低谷中，刘十九闯进了他的生命，成了他最信赖的知己之一。这首诗名为《问刘十九》，说明这次约会的主人只有白居易一人，被邀请的客人只有刘十九一人。

白居易本质上是一个喜欢热闹、喜欢和朋友聚会的人，而在这个"晚来天欲雪"的漫漫寒夜，白居易只想邀刘十九一起度过。因此，"绿蚁新醅酒，红泥小火炉"这样美丽而温暖的安排，是专为刘十九这一个人精心打造的。

"绿蚁新醅酒，红泥小火炉。"这两句诗写得真是又美丽又温暖。

美丽的是场景描写。首先，颜色就很美，绿蚁对红泥，一绿一红，色彩的对比非常鲜明，画面感十足。绿蚁指的是酒面上浮起的绿色泡沫，说明酒是新酿出来的，还没有滤清之前，酒渣浮在酒面上，颜色是像春天一般嫩嫩的绿色，细细的如同小蚂蚁一般，所以是"绿蚁新醅酒"。

好酒是要温着喝的，因此紧接着下一句"红泥小火炉"，用红泥陶铸成的火炉，炉火已经烧得旺旺的。

通红通红的炉子、炉火，衬托着碧绿碧绿的新酒，热腾腾的蒸汽渐渐弥漫开来，一点点驱散了寒夜的清冷。

这两句诗当中还有两个字尤其值得注意，因为，这两个看似不起眼的字，恰恰体现出最深厚的朋友之情。这两个字是——"新"和"小"。

现代人一般都认为酒是越陈越香，尤其是高度白酒，动不动就说是几十年陈酿，年份越久价值越高。可是唐代还没有现在这样高度的蒸馏酒，唐朝人讲究喝新酒，穷人家有时没有足够的粮食酿新酒，才会凑合着喝陈酒，像杜甫所说的"樽酒家贫只旧醅"，家里穷就只好喝"旧醅"了，想来杜甫这样写的时候，多少也暗暗包含了一点怠慢客人的歉疚之情。白居易写"绿蚁新醅酒"当然不是为了炫富，而是满含了用新酒款待客人的诚意。另一个"小"字，又明确透露出这是一个非常小型而私密的聚会，"红泥小火炉"显然更适合两三密友的小酌对谈，而不是一大群人面红耳赤、言不由衷的喧闹。

绿蚁新醅酒幽幽地飘着香，在红泥小火炉边静静等待的白居易，很笃定地知道：这个迟到的邀请一定不会被拒绝。因为，他邀请的不

"听取蛙声一片"

钯基非晶合金组织

（图片来源：刘咏）

是可有可无的一大群人，而是唯一的一个人——刘十九。

真正让人无法拒绝的邀请，不在于铺陈的场所有多么奢华富丽，准备的酒菜有多高档昂贵，而在于你是否肯在细节上用尽心思。

诚意，从来都不是体现在价格和排场上，甚至也不在于邀请发出得是早还是晚，而只在于是否用心与费心。

或许，只是一个朴拙的陶制的红泥小火炉，就足以让你成为独一无二的那个人。

因为有了"绿蚁新醅酒，红泥小火炉"的铺垫，最后两句的邀请才会变得无比动人："晚来天欲雪，能饮一杯无？"

在那个看上去即将下大雪的傍晚，也许白居易突然觉得孤独了，突然觉得冷了，或者突然觉得想有个人说说话了，甚至只是看到这么好的酒，想与一个最好的朋友分享了。他首先想到的、甚至很可能是唯一想到的那个朋友，就是刘十九。

"晚来天欲雪，能饮一杯无？"拥有这样的友情，谁还会在乎邀请函发出得是早还是晚呢！

刘十九的确是江州时期白居易最亲密的朋友之一。那几年中，白居易想下棋喝酒的时候会邀请他，所以他在《刘十九同宿》诗中写道："唯共嵩阳刘处士，围棋赌酒到天明。"……人在患难的时候，这样的不离不弃是何等珍贵！

除了这首《问刘十九》之外，白居易另一首诗，也堪称诗意邀请函的范本。那是暮春时节，蔷薇花开的时候，自酿的春酒也熟了，于是白居易迫不及待地邀请刘十九一同来赏花喝酒，诗名是《蔷薇正开春酒初熟因招刘十九张大夫崔二十四同饮》，诗中有这样任性而可爱的句子："试将诗句相招去，倘有风情或可来。明日早花应更好，心期同醉卯时杯。"（作于元和十三年，即818年）白居易的情商实在是高，他为了不被刘十九等朋友拒绝，故意使用了激将法"试将诗句相招去"，主人用诗句这样高雅浪漫的方式来邀请你，客人呢？"倘有风情或可来"，你要是懂风情，那你一定会高高兴兴应邀而至。言外之意就是：你要是拒绝我了，那就说明你这个人不懂风情不懂浪漫，简直是一个木头人。按照我们今天常用的说法就是，你来不来，就看你是不是一个有情怀的人了！

这样的邀请，谁还敢拒绝呢？谁还能拒绝呢！

很明显，《问刘十九》这首诗，也是一封让人找不到理由拒绝的邀请函。不过，两封邀请函比起来，《问刘十九》显然更能打动人，因为——谁能拒绝独一无二的邀请呢？

或许，真正的友情，就是寒夜里的"红泥小火炉"，是飘雪的黄昏饮下的一盏"绿蚁新醅酒"，是你在孤单的时候来自朋友的一句温暖的问候与邀请："晚来天欲雪，能饮一杯无？"

邀请函是只对刘十九一人发出，可是被"红泥小火炉"感动的却不止刘十九一人。后来北宋的欧阳修在写给他的恩师兼好友晏殊的诗中就用到了这个典故："红泥煮酒尝青杏，犹向临流藉落花。"（《寄谢晏尚书二绝》其一）清代王士禛也曾经这样答谢朋友的馈赠："白家乌帽重屏里，初试红泥小火炉。恰是陵州酒船到，不愁风雪压屠苏。"

纯粹而温暖的友情，是任何人都需要而且愿意倍加珍惜的。

"绿蚁新醅酒，红泥小火炉。晚来天欲雪，能饮一杯无？"雪还没有开始下，酒还没有开始喝，而我，守着滚烫的红泥小火炉，还在安静地等待。一想到朋友正在赶过来的路上，心里，就满是暖暖的感动。

这样的感动，不仅仅流淌在白居易和刘十九之间，在一个盛产"红泥小火炉"的地方，早已深深镌刻上了这样温暖的文字——那是湖南长沙的铜官窑。

20世纪50年代，位于长沙北约二十五公里的铜官窑遗址被发现。古陶瓷专家认定这里是唐代窑址遗存，而且至少在贞观二十三年以前就已经创烧。长沙窑出土的器物上题写的文字也引起了研究者的兴趣，从纪年款器物上的文字来看，最早的年代为唐代元和三

年 (808)，最晚为五代天成四年 (929)，这是长沙窑生产年代的一个绝对时段。[①]

伴随着重见天日的长沙窑，许多刻印在陶瓷器皿上的诗篇亦显露出动人的魅力——这可是连《全唐诗》都没有收录的"遗珠"。有意思的是，白居易创作的那封史上最浪漫的邀请函《问刘十九》，亦在长沙窑器物上频繁现身，再一次印证了白居易诗歌的影响力。试看这首：

　　二月春丰酒，红泥小火炉。

　　今朝天色好，能饮一杯无？

这是刻在一把酒壶侧身的诗句，显然是元和十二年之后的出品。以白居易当时的诗名，他的《问刘十九》早已名扬天下，连长沙窑的工匠也可以信手拈来。然而，不是每个邀友小聚的日子都恰逢"晚来天欲雪"，于是这首诗就将"晚来天欲雪"改成了"今朝天色好"，"绿蚁新醅酒"也换成了"二月春丰酒"。

无独有偶，在长沙窑出土的另外一件酒器上，也镌刻着这样四句诗：

　　八月新风酒，红泥小火炉。

　　晚来天色好，能饮一杯无？

在长沙窑频现的"红泥小火炉"，当然是窑工对白居易《问刘十九》的化用。在工匠们看来，只要有了"红泥小火炉"这样浪漫而温馨的器物加持，那么无论是桃花初开的二月，还是秋风瑟瑟的八月，无论是阳光灿烂还是雨雪霏霏，都是宜于三五好友小聚畅饮的良辰佳景。

想来，在长沙窑工的心里，每个平凡的日子，都能被过成岁月静好的模样吧！

除了"红泥小火炉"承载的温暖的友情，长沙铜官窑出土器物上更有名的诗句是那首有关爱情的《君生我未生》：

---

① 田申，刘鑫. 全唐诗补：长沙窑唐诗遗存 [M]. 长沙：湖南美术出版社，2017：12.

君生我未生，我生君已老。

君恨我生迟，我恨君生早。

我们先别急着惊叹长沙窑工的诗意与诗艺，其实这首诗的语言风格与唐代变文《庐山远公话》的佛偈如出一辙：

身生智未生，智生身已老。

身恨智生迟，智恨身生早。

身智不相逢，曾经几度老。

身智若相逢，即得成佛道。

或许，《君生我未生》正是对"身生智未生"佛家偈语的化用。只不过比起佛家身体与智慧的哲学辩证关系而言，"君"与"我"缠绵悱恻、求而不得的爱情显然更能引发人们的联想与感动。

失意的爱情就是一场相遇与错过。相遇是缘分，是爱情的开始，是"人生若只如初见"的刻骨铭心；错过则是命运，是爱情无奈的结局，是"爱"与"恨"绵绵不绝的交织。

同样是晚唐时期，在诗坛上确实也演绎过一段美丽而忧伤的"君生我未生"的爱情故事。这个故事的主角是写下过"春风十里扬州路"和"二十四桥明月夜"的诗人杜牧。

唐大和末年，杜牧来到湖州，有一次他在一个聚会上远远看到一位少妇牵着一个幼女，杜牧眼前一亮，不由得失声感叹："此奇色也。"这真是一个绝色的美人胚子啊！可是那个女孩还太过年幼，于是杜牧向少妇赠送定金，表达欲娶女孩的心愿。少妇惶恐不安地推辞："我们孤女寡母的，若被他人强迫，恐怕辜负公子。"杜牧自信地说："不会的，我一定努力争取到湖州来做地方官。如果十年还没兑现我的承诺，你再将女儿嫁给别人不迟。"

然而，接下来十多年的宦海沉浮，杜牧深陷朝廷党争，身不由己。他虽然屡次上书朝廷希望能外放湖州刺史，但直到连上三启之后，他的申请才终于获得批准。当他历尽坎坷以湖州刺史的身份再次来到湖州的时候，距离他的承诺已经过去了十四年，他心心念念的那

粉末铁基高温合金显微组织

（图片来源：温玉仁）

位女孩已嫁为人妻三年，还成了人母。

拥有俊美的风姿、骄人的才情、高贵的出身，杜牧似乎从未在情场失意过，然而这一次，他终究错失了心爱的女孩。万分遗憾和伤感中，杜牧写下了这首《叹花》诗："自恨寻芳到已迟，往年曾见未开时。如今风摆花狼藉，绿叶成阴子满枝。"

杜牧在诗中以"花"比喻他心中的女孩，以"绿叶成阴子满枝"比喻女孩已经嫁作他人妇、成为他人母，真可谓"情见乎辞"，令人唏嘘惘然。

假如——仅仅只是假如，假如那个女孩也是一个才女，当她收到杜牧"自恨寻芳到已迟"的忧伤时，如果要回赠一首诗，或许，长沙窑里深藏的这几句"君生我未生，我生君已老。君恨我生迟，我恨君生早"，该是最好的回信了吧？

"红泥小火炉"与"君生我未生"，是长沙铜官窑里炽热的友情与爱情。"能饮一杯无"的相聚，"君恨我生迟"的错过，都在火热的窑炉里，烧制成了永远的爱与忧伤。

二、衡阳高岭土与湖湘文化传播

在湖南衡山东湖镇有一座古老的桥梁，名为马迹桥，它坐落在距南岳方广寺约三十里的地方。马迹桥最早是何时营建已无从考证，但它成为中国文化史的重要见证之一，却至迟在南宋。

故事要从南宋乾道二年（1166）说起。张栻应湖南安抚使刘珙的邀请，来到潭州（今长沙）主持岳麓书院教事。张栻是南宋著名爱国将领、一代名相张浚之子，亦是著名的理学家，和朱熹、吕祖谦并称"东南三贤"。因为张栻的影响力，一时之间，一批学术精英聚集于长沙，求学风气盛况空前，标志着以岳麓书院为中心的湖湘学派正式形成。

乾道三年（1167），朱熹应张栻之邀，不远千里从福建崇安来到潭州，在岳麓书院开坛讲学，慕名而来的学子踏破了书院的门槛。教学之余，张栻与朱熹在一起畅谈理学的诸多问题，朱熹由衷感叹张栻"学问愈高，所见卓然，议论出人意表"。当他读到张栻的著作时，亦"不觉胸中洒然，诚可叹服"。陪同朱熹前往潭州的弟子范念德回忆说，朱、张两位先生深入讨论《中庸》之义，三日三夜不辍。这一学术盛事史称"朱张会讲"。

朱张会讲并不仅仅只是两位学者的辩论，更是以张栻为代表的湖湘学派和以朱熹为代表的闽学学派的思想交锋与碰撞。直到今天，长沙市区湘江边上还保留着著名的朱张渡遗址，悠悠的湘江水仿佛还流淌着两位学术大家的深情厚谊。

朱张会讲毕，十一月六日，张栻和林用中陪同朱熹从潭州前往南岳，十三日开始登山，十九日离开南岳。一路上他们三人相互酬唱，留下了149首唱和诗篇，后编成《南岳唱酬集》传世。

朱熹的《南岳唱酬集序》云："其间山川林野，风烟景物，视向所见，无非诗者。"他们一路所见的自然风光以及所思所感，均以诗的形式记录了下来。张栻在《南岳唱酬集序》中则说道，他们这一路行来，看到的"山川林壑之观，已觉胜绝"。抵达南岳山脚后，因十一月正值隆冬，风雪不止，他与朱熹、林用中决定冒风雪登山。"而夜半雨止，起视明星烂然；比晓，日生旸谷矣。"张栻此序，叙及雪中南岳风景，文笔清徐明丽，读来直觉胸次无尘、泠然可喜。又如张栻写从祝融绝顶返回上封寺穹林阁后所见夜景："观晴霞，横带千里。夜宿方丈，月照雪屋，寒光射人，泉声隔窗，泠然通夕，恍不知此身踞千峰之上也。"真令人有飘然出世之想。

这一次朱、张、林师徒三人登山的起点正是马迹桥。朱熹《马迹桥》诗云："下马驱车过野桥，桥西一路上云霄。我来自有平生志，不用移文远见招。"朱熹赋予了马迹桥以象征的寓意，过了桥开始登山则有"上云霄"之感，此处的"上云霄"实写衡山之高耸挺拔，虚写平生志向的高远宏大，将登山的实景与攀登理想高峰的寓意结合在了一起。张栻和诗则云："便请行从马迹桥，何须乘鹤箩丛霄。殷勤底事登临去，不为山僧苦见招。"（《和元晦马迹桥》）林用中和曰："此日驱车马迹桥，远从师友步青霄。登临不用还歧想，为爱山翁喜见招。"南岳酬唱，既折射了理学对话与传播之一时盛况，也成就了诗坛的一段佳话。而马迹桥因为朱、张、林三位学者的唱和而声名骤显。人们不由得追问：这座久已静立在衡山脚下的古桥，到底是因何而建呢？

纷纭的传说中，最终脱颖而出见于衡阳县地方志的一种说法是：相传古时候风和日丽的一天，一匹天马由北向南飞驰，途经此地时，它的一双慧眼扫过，发现地下有无数矿藏，于是临时决定在此短暂停留。它见这么丰富的矿藏不曾被开采造福于人，实在是可惜，于是心生一计，长啸一声后，在青石板上留下深深足迹，随后腾空而去。

然而，天意难测，当地人听到了天马的长啸，看到了天马的足迹，却终究未能领悟其中深意，只是为了纪念天马行踪，在足迹处修建了一座单孔式石拱桥。根据张栻的《南岳唱酬集序》记载，朱熹、张栻一行人当年就是在此桥下马，换竹舆继续登山前行；后来王船山隐居续梦庵时亦曾多次经过此桥。马迹桥由此在中国思想史上享有了独特的盛名。

直到清光绪二年（1876），衡阳境内居民在此开采高岭土等矿产资源用来烧制日用瓷，当年天马留迹之谜才终于得以破解。中华人民共和国成立之后，地下瓷泥、钾钠长石等矿藏得到有序开采利用，为当地民众带来了福祉。直到如今，马迹桥依然保存完好，青石板上的马蹄印依然清晰可辨。马迹桥所在东湖镇现已探明的主要矿产高岭土，储量3500多万吨，品质上佳，分布在东湖至杉木桥沿线，储量高居亚洲第一。而高岭土，正是陶瓷制作的主要原材料，因首先在江西景德镇附近的高岭村发现而得名，由德国学者李希霍芬为其命名。

由衡山的高岭土矿藏，到长沙铜官窑和醴陵的釉下彩，也许注定了湖南这块"红土地"必将是陶瓷的摇篮吧。

长沙窑瓷器的一大特点是彩绘，其"釉下多色彩绘工艺"开一时之先河，"打破了当时所谓南青北白的单调格局，极大地丰富了陶瓷装饰艺术手段，标志着陶瓷史上重要的发展阶段"。随着长沙窑铜红彩釉的不断发现，铜红的创烧时间亦大大提前，打破了人们最初普遍认同的宋代钧窑创烧铜红的观念，陶瓷史从此被改写。

长沙窑的陶瓷也通过海上丝绸之路远渡重洋，成为海外众多国家和地区的"宠儿"，"在日本、越南、泰国、印度及波斯湾地区的一些主要古代港口遗址，甚至在非洲的肯尼亚、坦桑尼亚等地都有长沙窑瓷器出土"[①]。20世纪90年代，在印度尼西亚沿海，一艘唐代的沉船被发现。这艘被命名为"黑石号"的沉船上，出水了五万多件长沙窑的陶瓷产品，以其庞大的数量与精妙的品质惊艳了全世界。

---

① 田申，刘鑫. 全唐诗补：长沙窑唐诗遗存[M]. 长沙：湖南美术出版社，2017：12.

长沙铜官窑是与浙江越窑、河北邢窑齐名的中国唐代三大出口瓷窑之一。唐代湘籍诗人李群玉曾写诗云："古岸陶为器，高林尽一焚。焰红湘浦口，烟浊洞庭云。迥野煤飞乱，遥空爆响闻。地形穿凿势，恐到祝融坟。"（《石潴》）当年长沙铜官窑烧制的盛况，仿佛依然留存在诗句中，穿越千年在我们眼前闪耀着灼灼光芒。我们仿佛还能看到湘江边火红的窑炉以及窑工穿梭往来的忙碌身影，在他们被火焰映照的古铜色脸庞上，铭刻着生活的艰辛以及对幸福永不放弃的向往。

三、知识小贴士：陶瓷窑炉与原料

瓷器的烧制离不开窑炉。陶瓷窑炉结构复杂，种类很多，是现代工业炉的鼻祖。

新石器时代早期，人类通常采用无窑堆烧的方式烘烤、加工物品。人们在平地上挖掘一个土坑，将木柴等燃料堆集起来，点火升温。这种堆烧方式没有窑室和火膛，燃烧温度低（500～800℃），只能用来烧制简单的陶坯。在此基础上，人们用泥巴在燃料周围糊一个薄壁筒形，顶部留有通风口，可将燃烧温度提高到900～1000℃。

新石器时代后期，人类发明了陶瓷窑炉，其重要标志是，窑炉由窑室和火膛两部分组成。根据火膛的方位，窑炉可分为横穴窑（火膛位于窑室下侧方）和竖穴窑（火膛位于窑室之下，火膛为口小底大的袋形坑）。火焰经过倾斜的火膛进入窑室底部后升至窑室，将陶坯加热后自窑顶排出。根据火焰在窑室内流动方向的不同，可分为升焰窑、半倒焰窑、平焰窑三种。上节所述的长沙铜官窑是迄今为止保存最为完整、脉络最清晰的唐代古龙窑，属于平焰窑。

升焰窑，顾名思义，是火焰自窑底上升，流经烧制品，由窑顶排出，新石器时期至东周为盛，其最高温度可达到1200℃。典型窑炉包括福建昙石山竖穴式升焰窑、胡波岌竖穴式升焰窑等。

半倒焰窑是火焰自火膛先喷到窑顶，然后倒向窑底，从窑底侧墙排烟孔进入夹墙竖烟道排出，始于战国时期。将火膛和窑室合为一体，没有独立的烟囱，其温度升降便于控制，保温效果好，最高温度可达到1300℃。

平焰窑：依靠窑身的抽力将空气吸入窑内，窑的坡度则控制进气量，窑越长温度越高，最早出现于战国时期。该窑炉可以很好地调节窑内温度，可快速烧制，提高产量。典型的窑炉包括建窑、龙窑等。

高岭土，主要矿物成分是高岭石，还含有石英、云母、珍珠石等其他物质。高岭石主要由陶瓷不可或缺的原料氧化硅、氧化铝和结晶水组成。高岭土洁白，细腻，耐高温。

高岭土虽然首先发现于江西景德镇附近的高岭村，但在早期的瓷器中就已经存在，只是纯度不够高。《景德镇陶录·陶务方略》记载："高岭，本邑东山名，其处取土作不（dǔn）。"高岭原是浮梁县（现景德镇）东部的一座山名。"高岭，上者麻布口，次者糖口，最下磁器口"，说的是通过高岭土的断面可查验其可塑性的等次。18世纪初，法国传教士最早向海外介绍高岭土为高品质陶瓷的关键原料；19世纪，德国地质学家李希霍芬将高岭土直接用英文命名为"kaolinite"。高岭土虽然得名于江西景德镇，但其主要产区为湖南衡阳、广东茂名、福建龙岩、江苏苏州和山西大同等地。

世界上拥有高岭土资源的国家和地区有60多个，美国、英国、巴西和乌克兰是仅次于中国的主要产区。英国康沃尔地区高岭土具有极好的白度，优异的原料条件使英国也成为了瓷器大国。

第三节

雨过天青云破处——陶瓷缤纷

一、宋代瓷器里的审美意蕴

北宋宣和二年(1120)十二月，一场奢华的宫廷宴会在延福宫盛大举行。延福宫是一座壮丽宏伟的宫殿，修建于政和三年(1113)，它将北宋皇宫的规模一直延伸到了开封城北。当时在位的皇帝是宋徽宗赵佶，北宋王朝貌似依然处于繁华盛世。

宴会的主人当然还是宋徽宗，与席者包括皇子、在任宰臣及几位翰林学士。赵佶同时还是一位顶尖的艺术家，因此这次宴会照例有艺术鉴赏的环节。他收藏的琴棋书画等古玩也再次让宾客们眼界大开。然而，最让人期待、最具审美意蕴的活动还在其后。

宋徽宗命人端上精美的茶具，他坐在案前，亲自煮水烹茶。茶与茶器，显然是当时光芒熠熠的文化"形象大使"。宋徽宗喜欢亲手侍茶，甚至还写过一篇关于茶的"论文"，除了仔细阐述茶叶产地、不同茶叶品类、茶叶功效、制茶过程之外，还专门提到了如何选择茶盏的问题。据宋徽宗说："盏色贵青黑，玉毫条达者为上，取其焕发茶采色也。底必差深而微宽，底深则茶直立而易以取乳，宽则运筅旋彻不碍击拂。"

其中所谓"盏色贵青黑"指的就是建盏，茶盏颜色越深越好，最好是黑色，还有像兔毫一般清晰的纹路。而且，茶盏的底部要稍宽而深，深是为了方便取茶汤，还可避免茶汤外溢；宽则便于茶筅快速击拂汤水使之产生不同形状的泡沫。茶筅（xiǎn）则是用竹丝做成的小刷帚，用于搅拌，击拂茶汤。

建盏是福建省南平市建阳区建窑的特产，建窑黑釉属于含铁量较高的石灰釉，这是烧成黑釉的基本条件。然而，问题就来了。喝茶要以青黑色的建盏为佳，这似乎与我们通常的认知习惯大相径庭啊！

答案还是要回到唐宋人喝茶习惯中去寻找。显然，唐宋盛行的饮茶风俗与我们当代人常见的饮茶习惯不一样。

唐宋人喝茶不像我们今天喝茶多用冲泡的方式，他们多半喝的是"团茶"，又叫饼茶。饼茶也不像今天的普洱、黑茶一样还能看得到紧压的茶叶，而是看不见茶叶原本的形状的。茶叶经过蒸、榨、磨、加香料、定型等多道工序之后，再烘焙干燥做成茶饼。喝茶的时候程序也比较复杂，要先把团茶烤干碾碎再煮茶汤，煮出来的茶水是像牛奶一样的乳白色。既然茶汤以白色为上品，为了衬托乳白色的茶汤，茶盏当然以青黑色为上品了。黑色茶盏衬托白色茶汤和汤花，真是赏心悦目，香远益清。

根据唐代茶圣陆羽的描述，唐代流行的是"煎茶法"：将饼茶碾细之后煎水，一边煎水一边仔细观察水的沸腾，等待水沸如"鱼目"的时候加入食盐调味，再等到沸水边缘"如涌泉连珠"的时候舀出一勺水备用，然后在水中加入茶末持续搅拌，再将先前舀出的那勺水陆续注入茶汤，用以培育汤花。最后，将煮茶的茶釜从火上取下，茶汤倒入茶盏，这就是所谓的"分茶"。这种煎茶法一直延续到了宋代。分茶一定要均分汤花，因此唐宋人往往将分茶的过程视为一种审美和娱乐的享受，是一种将日常生活习惯艺术化的过程。分茶的高手往往能够在茶汤表面变幻出千姿百态如花鸟虫鱼等的物象："近世有下汤运匕，别施妙诀，使汤纹水脉成物象者，禽兽虫鱼花草之属，纤巧如

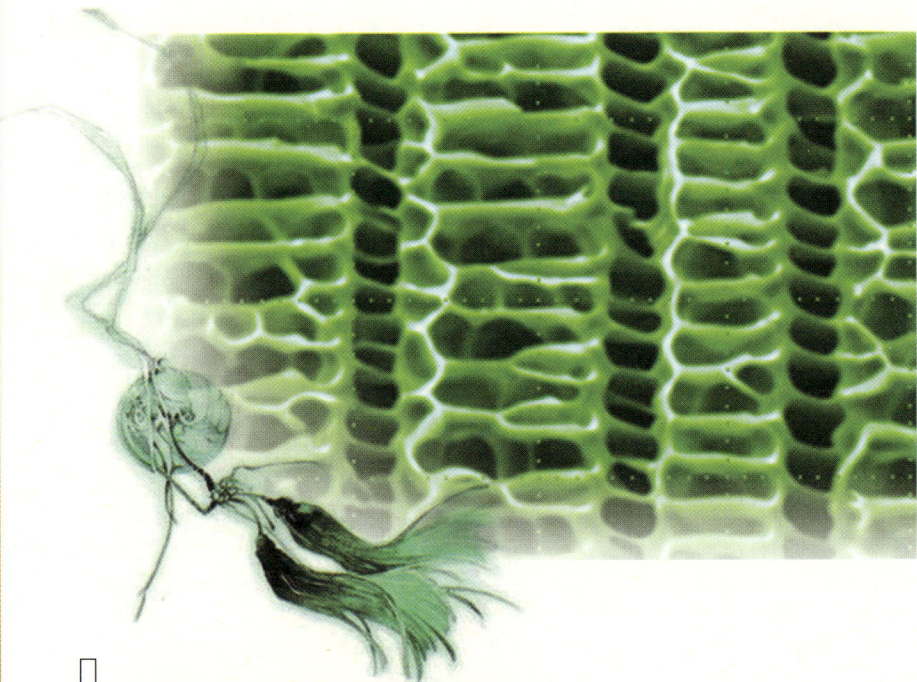

冷 "心似双丝网，中有千千结"

冷冻浇注法制备的定向多孔SiC陶瓷

（图片来源：张斗）

画，但须臾即就散灭，此茶之变也。时人谓之'茶百戏'。"（《茶百戏》）晚年的李清照在颠沛流离中回忆当年的太平生活时，曾万分感慨地说道："当年曾胜赏，生香薰袖，活火分茶。"（《转调满庭芳》）而流落江南的李清照经历了国破家亡的巨大痛苦之后，再也不复当年"分茶"的闲情逸致了："病起萧萧两鬓华，卧看残月上窗纱。豆蔻连梢煎熟水，莫分茶。"[①]（《摊破浣溪沙》）

如此烦琐且被艺术化、审美化了的煎茶与分茶，自然不是一般劳

---

① 豆蔻熟水：豆蔻是一种植物，种子、花、壳均可入药。将拣净的白豆蔻壳投入沸水瓶中，将瓶口密封，香味浓郁，是宋人常用的一种饮料。见《事林广记·豆蔻熟水》。

苦大众可以享受得到的，这不仅仅是因为茶叶与茶具价格昂贵，更需要一种文人雅士的悠闲心态。陆游写过一首非常著名的《临安春雨初霁》，其中的名句"小楼一夜听春雨，深巷明朝卖杏花。矮纸斜行闲作草，晴窗细乳戏分茶"呈现的就是这种文人化的悠闲情致：一夜的春雨，淅淅沥沥，清晨的小巷传来卖花人叫卖杏花的声音，这又是一个美好的春日。因为长日无事，于是诗人铺开宣纸，斜斜地写下一行行草书，一边写还一边饶有兴味地自我点评一番。写完字，再坐在窗前，沐浴着雨后晴天铺洒进来的阳光，悠闲地烹茶、分茶、品茶。茶汤注入深黑色茶盏后用茶筅搅拌茶乳，使茶汤泛起波纹，每搅拌一圈水波就会变幻出不同的形状，手势也可以耍得酷帅无比。要是碰上分茶高手，那茶汤简直是千变万化，让人眼花缭乱："纷如擘絮行太空，影落寒江能万变。"（杨万里《澹庵坐上观显上人分茶》）

让我们再回到宋徽宗的宴席上来。虽然宋人还一直沿用唐代流行的煎茶法，但宋代又发明了更为简单的"点茶法"。点茶法将喝茶程序简化了许多：将研碎的茶末直接放入茶盏中，先注入少量沸水迅速调匀，再继续注水，同时用竹制茶筅快速"击拂"茶汤，在茶汤表面形成千姿百态的乳白色汤花图案。宋徽宗宴请重臣时亲赐茶汤，用的很可能就是这种简化了的点茶法，显然，宋徽宗自己就是一个点茶高手。在1120年的这次宫廷宴会上，"上命近侍取茶具，亲手注汤击拂，少顷白乳浮盏面，如疏星淡月，顾诸臣曰：'此自布茶。'"看来，宋徽宗对自己的点茶手艺是颇为自得的，因此他的亲侍茶汤，既是为了表示他对臣下的亲密与眷顾，更是为了在臣子们面前显示自己高超的茶艺。

宋徽宗真可谓全能型艺术家，茶艺是如此，他对于茶盏的讲究亦源于他对陶瓷工艺的深厚造诣。

到了唐宋时期，瓷器已经成为人们的日常生活用品，而宋徽宗对瓷器工艺的推进应该说超过以往任何一个皇帝。宋代宫廷用瓷器原本主要是越窑、定窑、耀州窑、汝窑、建窑、景德镇窑等窑场的产品，

诗 "君当作磐石，妾当作蒲苇"

NiFe 合金断口的沿晶断裂

（图片来源：刘咏）

除了官窑的出品之外，土贡、朝贡、赋税、需索等都是宫廷用瓷器的来源途径。然而徽宗由于过于追求奢侈生活，政治腐朽，荒于理政，终于成了亡国之君。

其实，在宋徽宗之前，北宋的皇帝是普遍推崇节俭的。举个例子，北宋在位时间最长、号称一代开明君主的宋仁宗就是一个善于自我克制的皇帝。如果一定要说有什么让宋仁宗"不顾一切"地"任性"一回的话，那只有他唯一深爱过的女人张贵妃了。甚至可以说，一辈子都在极力维护"明君"形象的宋仁宗，居然为了张贵妃而不惜表现出一些"昏君"的模样。例如他可以一天之内就要给张贵妃的伯父张尧佐封四个"使"的官职：准康军节度使、群牧制置使、宣徽南院使、景灵宫使。张贵妃提出无理要求，要使用皇后的仪仗。宋仁宗不忍拒绝，就踢了个"皮球"："你去问问皇后的意思吧。"张贵妃去世后，宋仁宗哀痛到了极致，甚至不顾曹皇后依然健在的事实，追封张贵妃为温成皇后。

即便是这样一个将心爱女人宠到极致的宋仁宗，也没有违背"勤政廉洁"的"祖宗家法"。有一天，宋仁宗又来到张贵妃的住处，看到一款精美的定州红瓷器。仁宗当时就想：朕没有赏赐此物给贵妃啊。于是他问张贵妃此款瓷器从何得来。张贵妃说：这是王拱辰送来的礼物。王拱辰是北宋著名的状元、翰林学士，仁宗朝曾拜三司使，是颇得仁宗重用的朝臣。可能张贵妃没觉得这事儿有什么大不了的，不就是收了一件瓷器嘛。没想到一向对她百依百顺的宋仁宗居然瞬间勃然大怒："我早就警告过你，不准私自收受大臣馈赠！你为什么不听？"一边说一边抢过柱斧将红瓷敲得粉碎。张贵妃何曾见过宋仁宗对她发这么大脾气！吓得拼命请罪，好半天才把宋仁宗的怒气给安抚下来。（事见邵伯温《闻见录》）这个故事说明宋仁宗禁止后宫宠妃与朝廷重臣的私相授受，以免滋生腐败。

宋徽宗跟宋仁宗不一样，徽宗在执政的中后期对奢华生活的追求似乎到了痴迷的程度。就瓷器而言，宋徽宗已经深度介入瓷器的设计与制造过程，他会请宫廷画师设计图样，命令处州龙泉窑严格按照设计方案制作。既然当时瓷器在宫廷器用中已占有一定地位，而宋徽宗对所用的器物要求极高，因此可以想象，其对瓷器生产的干预以及对瓷器细节的表达会逐渐强烈，在当时遍设局所的情况下，设立官窑，专司烧造宋徽宗所认可的瓷器，将宋徽宗对瓷器的诉求付诸现实，也是题中之义。可以说，彼时宋官窑的设立，是宋徽宗奢靡做法的自然结果。

无独有偶，此前五代时的后周皇帝世宗也曾深度干预过瓷器的制作："世传世宗烧造时，所司请其色，御批云：雨过天青云破处，这般颜色作将来。"传说这就是"雨过天青"釉色的出处。

宋徽宗深度干预瓷器，使得宋官窑的瓷器映射出宋徽宗的审美偏好。例如徽宗在设立宋官窑时，舍白瓷而立青瓷，可能并非因为定瓷"不堪用"，更多的是反映了徽宗内心对瓷器釉色的一种选择，即偏好青瓷要甚于白瓷。宋徽宗之所以崇尚青瓷，也许是与后周世宗青釉情结类同的一种执念，也许是其道教审美观的一种体现。青釉瓷器所呈现出来的温润、幽玄、静谧正适合于这种审美的情趣，这可能在一定程度上也影响了徽宗对釉色的选择。[①]

在宋代，无论是宋徽宗的"御击注汤，出乳花盈面"，还是陆游的"晴窗细乳戏分茶"，都反映出宋代茶文化与瓷器工艺发展到了一个高峰。正如苏轼《试院煎茶》一诗所云：

> 蟹眼已过鱼眼生，飕飕欲作松风鸣。蒙茸出磨细珠落，眩转绕瓯飞雪轻。银瓶泻汤夸第二，未识古人煎水意。君不见昔时李生好客手自煎，贵从活火发新泉。又不见今时潞公煎茶学西蜀，定州花瓷琢红玉。我今贫病长苦饥，分无玉碗捧蛾眉。且学公家作茗饮，砖炉石铫（diào）行相随。不用撑肠拄腹文字五千卷，但愿一瓯常及睡足日高时。

苏轼这首诗将煎茶的过程、茶与瓷的完美配合与饮茶的神奇功效融为一体，描述了煎茶过程的审美感受：凝视如蟹眼、鱼眼一般的茶水沸腾过程，聆听大火煮水如松风般的鸣声，欣赏点茶时细珠坠落如满天飞雪的婉变姿态。尽管此时的苏轼正处于人生失意的低谷，身边没有侍从捧着玉碗为他奉茶，也享受不到潞公（即潞国公文彦博）最为偏爱的名贵的定州花瓷茶瓯，他只能用最简陋的砖炉石铫，但有茶一瓯，人生夫复何求？

也许，像苏轼这样，既能从审美的角度欣赏美食名器所蕴含的艺术韵味，又能从人生哲理的角度表达知足常乐、不过分追求物质享受的乐观与豁达，才是真正通达的智慧境界吧！

---

① 项坤鹏. 宋徽宗与宋官窑：论宋官窑出现的契机及其所映射的帝王好尚[J]. 华夏考古，2020（6）：69-75.

二、对"中国瓷"的热爱与欧洲瓷器起源

这依然是一个有关国王的故事。

只不过，这是公元17—18世纪的欧洲。这是一个在战争中沉浮、在女人堆中沉迷的国王——萨克森选帝侯、波兰国王奥古斯都二世。然而，无论是跌宕起伏的王位传奇，还是他身边无数如过眼烟云的女人，都不曾让他像对中国瓷器这样深度痴迷、无法自拔过。

为了得到更多、更精美、更珍贵的中国瓷器，奥古斯都二世愿意用他所拥有的一切来交换，无论是巧取还是豪夺，只要目的能达到，手段都不重要。于是，他无休无止地向大臣索取中国瓷器作为贿赂。他以国王的身份与各种瓷器商人密切往来，挪用国库资金购买他心仪的瓷器。他的陆军上将菲尔德·马歇尔和首相坎特·弗莱明不得不忍痛割爱，将收藏多年的中国瓷器一次又一次奉送给这位予取予求的国王……他做得最荒唐、最任性却又似乎是最"可爱"的一件事，是将拥有600名龙骑兵的萨克森兵团，拱手送给普鲁士摄政王威尔·汉姆，以换取摄政王手中151件（具体数目说法不一）大型中国青花瓷。这些珍稀的瓷器被人们讽刺地称为"龙骑兵血碗"，而被他"卖"掉的这600名骑兵后来被编入普鲁士军团，号称"瓷器兵团"。这些瓷器至今仍保存在德累斯顿茨温格宫瓷器收藏馆。奥古斯都二世"这个头顶皇冠的疯子，这个全欧洲最有名的瓷器狂人，一辈子竟然收藏了两万四千件中国瓷器，其中百分之六十为景德镇青花瓷。这些青花瓷器因他的巧妙陈列布满了他的宫殿，在德累斯顿的宫殿内，蓝色焰火仿佛闪电一样游走不息"。①

大量购买、收取中国瓷器都不能满足这位国王对收藏品的狂热欲求。他甚至想洞悉中国瓷器如此完美的奥妙。他派人四处搜寻，

---

① 《波兰"强力王"奥古斯都二世与他的德国景德镇》，节选自《青花帝国》，https://www.sohu.com/a/277565703_486911.

终于逮捕了当时欧洲著名的炼金术士——德国人博特格。博特格被奥古斯都二世送往德国的一座小城麦森并且囚禁在那里，专门为他研究瓷器。

在17世纪的欧洲，中国瓷器的价值堪比黄金，有"白色黄金"之誉。欧洲各国相继掀起过竞相仿制中国瓷器的热潮，为"瓷"痴狂的欧洲国王又岂止奥古斯都二世一人。

1603年，荷兰人截获了一艘葡萄牙商船，并在阿姆斯特丹拍卖船上的部分中国瓷器，拍卖价高达350万荷兰盾。据说，用这些钱在当时的市中心繁华地段购买房子的话，可以买下750幢房子。中国瓷器蕴含的巨大利益让欧洲人看到了商机。从此，荷兰人开始大规模购买中国瓷器，欧洲的瓷器热由此揭开序幕。

时间很快来到了18世纪、法国国王路易十四在凡尔赛宫里为情妇蒙特斯潘专门修建了特里亚农瓷宫，也就是中国瓷宫。瓷宫的设计灵感来源于青花瓷，白底蓝花的装饰、中国园林式的亭台楼阁与小桥流水，洋溢着浓郁的中国风情。遗憾的是，当时法国的制瓷技术还不够成熟，随着路易十四移情别恋，特里亚农瓷宫也开始频频渗水。几乎在这段恋爱终结的同时，瓷宫也被拆除——关于中国瓷器的浪漫梦想终究抵不过一个花心帝王的朝秦暮楚。

路易十四中国瓷宫的命运，也从另外一个侧面反映了当时欧洲虽痴迷于中国瓷器，但仿制中国瓷器的技术还不足以满足欧洲市场对瓷器的庞大需求。不论是意大利美第奇家族督造的锡釉陶，还是荷兰代尔夫特生产的锡釉陶，都与来自东方的瓷器有本质的区别。欧洲人尝试了各种配方都没能烧制出那种光润柔美的瓷质。

直到奥古斯都二世遇到了炼金术士博特格，欧洲制瓷的历史才被真正改写。

彼时奥古斯都二世将博特格软禁在麦森的阿尔布莱希茨城堡，命令他潜心研究瓷器的制作秘方。博特格身边还有一位得力助手——数学家钦豪斯。钦豪斯用巨大的放大镜聚焦阳光得到烧制瓷器所需要的高温，并成功地在1400℃下烧制出了瓷器样片。1708年，他们烧制出了瓷质朱色炻器（炻器的烧成温度介于陶器与瓷器之间，白度与透明度较瓷器低），人称"博特格炻器"。不幸的是，劳累过度的钦豪斯在两个月后与世长辞。

然而，炻器并不等同于瓷器。

中国瓷器使用的胎料主要是高岭土，它是中国瓷器1000多年独占鳌头的关键所在，对于制造白色瓷器必不可少。1708年之前，博特格还没有获得高岭土，而正是这一年，在萨克森王国首都德累斯顿西南90公里，人们发现了生产硬质瓷器所需的优质高岭土。

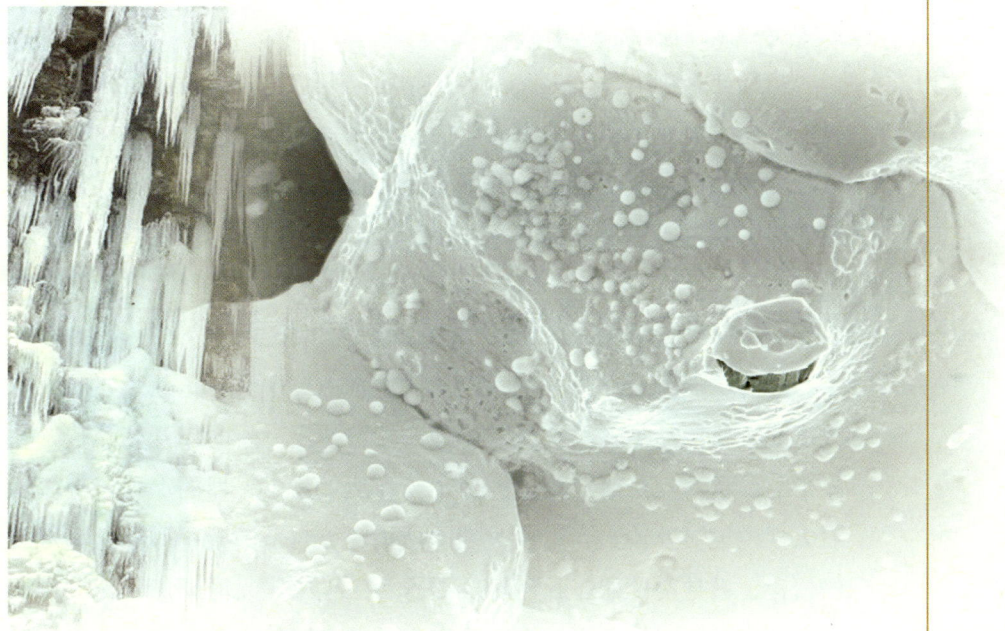

诗 "已是悬崖百丈冰"

NiAl合金断口中的晶界析出

（图片来源：刘咏）

然而，德国的高岭土和中国的高岭土在长石和硅石成分比例上并不完全相同，缺少起助熔作用的组分。博特格和助手们为此在实验室进行了上万次试验，他们用大理石、骨头粉末等诸多材料调制出适合的瓷土。最终，博特格发现了最适合的比例，解决了制瓷原料的问题，在1709年烧制出欧洲第一件白釉硬质瓷器。

麦森硬质瓷器烧制的成功改写了欧洲制瓷的历史。1710年，奥古斯都二世下令在博特格进行试验的阿尔布莱希茨城堡建立麦森瓷器厂，这也是欧洲第一家瓷厂。

奥古斯都二世，这个并不成功的君王，这个任性的中国瓷器狂热痴迷者，在对待瓷器功臣博特格的问题上，同样任性而不可理喻。为了防止制瓷秘方泄露，奥古斯都二世继续囚禁博特格，博特格因此度过了十年像囚徒一样的生活。

1719年3月10日，年仅37岁的博特格因饮酒过量而去世。这位年轻的炼金术师付出了他的生命，为欧洲陶瓷史的关键转折做出了巨大贡献并因此而永载史册，而德国也因为他的发明创造而一度成为欧洲制瓷的中心。

三、海上丝绸之路传播的陶瓷文化自信

"海上丝绸之路"早在《汉书·地理志》中就有记载，当时海船载运的主要商品是各种丝绸。中国的瓷器在汉、晋时期开始流传于朝鲜半岛、日本、东南亚等地区。由于海运更易于瓷器的保存，晚唐以后大规模地对外输出。这一时期的外销瓷以越窑的青瓷、邢窑和定窑的白瓷、巩县窑瓷器、长沙窑瓷器等为主。宋、元时期，瓷器制作技术和规模发展极为迅猛，也成为海上丝绸之路的主要商品。出口瓷器以青瓷、青白瓷、元青花为主，兼有白瓷、黑瓷、钧釉瓷等。出口地区则由东南亚拓展到了非洲地区。宋代朱彧的《萍洲可谈》记载："舶船深阔各数十丈，商人分占贮货，人得数尺许，下以贮物，夜卧其上。货多陶器，大小相套，无少隙地。"今天发现的这一时期的沉

船数目和瓷器商品非常多，例如广东南海一号即是南宋时期的沉船，载有数量庞大的精美瓷器。明、清时期，瓷器外贸区域进一步扩大，向欧洲各国以及美洲地区扩展。这一时期的外销瓷器以景德镇青花瓷居多，广州五彩瓷和德化窑白瓷也较为常见。

与此同时，中国的瓷器风格和制瓷技术也流传和影响到了国外。例如，日本和朝鲜的釉陶器源自唐三彩。9—10世纪，朝鲜半岛从中国引进了龙窑技术，并开始烧造青瓷。14—15世纪，东南亚受到龙泉窑、景德镇窑的影响，开始烧制青瓷、青花瓷。16—17世纪，日本受到福建德化窑、漳州窑的影响，成功烧制了青花、五彩瓷器。德国的博特格利用优质高岭土于1709年烧制出欧洲第一件白釉瓷器，1710年建立麦森瓷厂，烧制白瓷和彩绘瓷器。18世纪中期，欧洲制瓷业的中心从麦森转移到法国。1754年，英国人威廉·库克华斯在康瓦尔地区发现了制瓷所需的高岭土。通过第一次工业革命技术的利用，英国革新了瓷器生产工具和产品，逐渐成为欧洲瓷器工业中心。

然而，中国悠久的陶瓷文化在欧洲的传播并不顺利。早期，瓷器在欧洲掀起了"中国风"和"瓷器热"。17世纪，莎士比亚的《一报还一报》（1603）中，剧中人物庞贝在谈及果盘时说："一个三便士左右的盘子。先生您看过这种盘子，虽然它们不是中国盘子，但也算是上好的盘子了。"1693年，英国作家约翰·艾福林在参观完玛丽二世女王在汉普顿宫的瓷器藏品后，大发感慨："我看到了女王的奇珍橱柜和瓷器收藏，真是美妙绝伦，种类丰富，数目可观……估计值4000英镑。"但是，中国瓷器在英国的盛行，引起了英国学者在美学上对中国文化的攻击和贬低。英国诗人詹姆斯·柯桑在《论品位》中嘲讽道："神圣的佛像安放在架子上，仙女躺在铺着棉布的椅上，橱里满是瓷器神祇和大象，孔夫子稳坐其中得意洋洋。"笛福在《鲁滨孙沉思录》中指出："他们精巧的高峰，也即他们的瓷器或者说陶器制品，更多地应归因于他们泥土原料的精良，而不是他们的能工巧匠。"

1793年，英国使团假借庆贺乾隆皇帝83岁寿辰的名义出访中国。马戛尔尼作为大使，选择了19种590余件礼物，为的是"向中国人展示英民族的艺术和文明生活成就所达到的完美高度"，包括当时英国人引以为豪的威治伍德瓷器。然而，由于英国在科技、艺术乃至文明等方面与清王朝的明争暗斗，这次出使实际上是一次文化挑衅。

随着中国的国力强大和科技进步，精美的陶瓷已经成为中国文化的一种象征，成了国礼，彰显了文化自信，例如2008年奥运会的会议用瓷——青花瓷，2014年APEC会议用瓷——"四海升平"景泰蓝赏瓶，G20峰会用瓷——青瓷以及"一带一路"专用瓷——"福禄万代"珐琅彩莲子瓶等。

2013年10月，习近平总书记访问东盟时提出共建"21世纪海上丝绸之路"。2013年11月，十八届三中全会通过的《中共中央关于全面深化改革若干重大问题的决定》明确提出"加快同周边国家和区域基础设施互联互通建设，推进丝绸之路经济带、海上丝绸之路建设，形成全方位开放新格局"。2015年3月28日，为推进实施"一带一路"，让古丝绸之路焕发新的生机活力，以新的形式使亚欧非各国联系更加紧密，互利合作迈向新的历史高度，中国政府制定并发布《推动共建丝绸之路经济带和21世纪海上丝绸之路的愿景与行动》。"海上丝绸之路"充分发挥了构建和平稳定周边环境、深化改革开放、拓展经济发展空间、促进沿线国家共同繁荣等重要作用。

四、知识小贴士：制瓷工艺与古代名窑

早期的瓷器起源于商朝，由于烧成温度不高，含铁，颜色泛青，称为"青瓷"。"瓷"与"陶"的一个显著区别是表层施釉。釉，指在瓷坯表面通过额外烧制低熔点物质，形成光洁层，使瓷器更加美观耐用。釉的出现大大丰富了瓷器的种类和艺术表现形式。

东汉时期，青釉瓷烧制技术已成熟。越州窑的青瓷最为著名，且历史最为悠久，其釉色清澈碧绿、光泽如冰似玉，长期成为皇室贡品。唐朝陆龟蒙的《秘色越器》对越州青瓷大加称道："九秋风露越窑开，夺得千峰翠色来。好向中宵盛沆瀣，共嵇中散斗遗杯。"另一著名青瓷窑是柴窑，被誉为名窑之首，是周世宗柴荣的御窑。柴窑胎质细腻，传世极少。柴窑瓷器"青如天，明如镜，薄如纸，声如磬"，滋润细媚有细纹，非常珍贵。可惜的是，柴窑瓷器已经失传，即使存世也只有残片。《清稗类钞》云："宝莹射目，光可却矢。宝莹则有之，却矢未必然，盖难得而重言之也。"

南北朝和隋代时期，瓷器烧成温度得到了提升，瓷的白度也明显改善，在我国北方一带盛行白瓷，谓为"南青北白"。杜甫的《又于韦处乞大邑瓷碗》一诗描述了四川出产的白瓷："大邑烧瓷轻且坚，扣如哀玉锦城传。君家白碗胜霜雪，急送茅斋也可怜。"唐代陆羽的《茶经》里也写道："邢瓷类银，越瓷类玉。"

宋朝是我国瓷器快速发展到达巅峰的时期，时有"汝窑、官窑、哥窑、定窑、钧窑"五大名窑之说。现代的名窑和名瓷大多仍沿用上述古窑技艺。这些窑瓷的区别主要在于黏土和釉的原料以及烧成工艺，使得不同瓷器异彩纷呈，形貌各异。

汝窑居于宋代名窑之首，胎质细腻，以名贵玛瑙入釉，色泽随光变幻。其釉色温润古朴，釉面平滑细腻如同美玉。器表呈蝉翼纹般细小开片，釉下有稀疏气泡，在阳光下胎与釉结合处微现红晕。明王佐《新增格古要论》云："汝窑器，出汝州，宋时烧者。淡青色，有蟹爪纹者真，无纹者尤好，土脉滋润，薄亦甚得。"

官窑通常是指北宋后期在汴京（今河南开封）等地开设的、专供高档宫廷生活用瓷与陈设瓷的窑口。宋顾文荐《负暄杂录》记载："宣政间京师自置窑烧造，名曰官窑。"官窑胎质细腻，胎色呈紫黑色，足边及口沿釉薄处呈紫褐色，有"紫口铁足"之称。釉面纹片是官窑器物的特征之一。它以古朴庄重的造型、莹润如玉的釉色、鳞鳞如波的纹片，与紫口铁足形成和谐美。"官窑器，宋修内司烧者，土脉细润，色青带粉红，浓淡不一，蟹爪纹，紫口铁足，色好者与汝窑相类，有黑土者谓之乌泥窑，伪者皆龙泉，所烧者无纹路。"（明王佐《新增格古要论》）

南宋时期的哥窑产于龙泉、杭州等地，胎色较深，胎质细腻。釉面有细碎的片纹，纹分两种，一种开较大的黑色片纹，另一种是在黑色片纹中又开细小的黄色片纹，俗称"金丝铁线"，是哥窑器物最显著的特点之一。明陆深《春风堂随笔》描述了哥窑的来源："哥窑浅白断纹，号百圾碎。宋时有章生一、生二兄弟，皆处州人，主龙泉之琉田窑，生二所陶青器，纯粹如美玉，为世所贵，即官窑之类。生一所陶者色淡，故名哥窑。"朱彝尊《曝书亭集》收录《古林哥窑砚铭》，对哥窑之美如此描述："丛台澄泥邺宫瓦，未若哥窑古而雅。绿如春波淳不泻，以石为之出其下。"

定窑产于河北保定曲阳县，唐宋时期属定州管辖。定窑始于唐，极盛于北宋及金，终于元，以产白瓷著称，兼烧黑釉、酱釉和绿釉瓷。定窑胎质坚密、细腻，釉色透明，柔润媲玉；以白色为多，但也有红、黑、紫、绿等色彩。前述苏东坡《试院煎茶》一诗曾云："潞公煎茶学西蜀，定州花瓷琢红玉。"定州红瓷非常有名，常作为送礼佳品。

钧窑据说源于失传的柴窑，产于河南禹州，始于唐代，盛于北宋徽宗时期。钧窑独树一帜的特点是釉色窑变，素有"入窑一色，出窑万彩""钧瓷无双"之说。同样的釉色入窑经高温烧成后，每件瓷器成色不一样。钧窑极其珍贵，备受后世收藏者追捧，被誉为"纵有家产万贯，不如钧瓷一件"。乾隆《赏钧红》曰："晕如雨后霁霞红，出火还加微炙工。世上朱砂非所拟，西方宝石致难同。"李铎《咏钧瓷》亦云："洪炉幅透原泥身，釉色斑斓数宝钧。极品信从窑变得，成功一件价无论。"

元代在江西景德镇设立的"浮梁瓷局"，是中国瓷器发展的重大转折，为后世瓷器发展奠定了重要基础。特别是明代在景德镇设置专门生产御器的官窑，确立了景德镇的"瓷都"地位，使景德镇窑统治明清两代瓷坛长达数百年。郑凤仪有诗为证："碓厂和云春绿野，贾船带雨泊乌篷。夜阑惊起还乡梦，窑火通明两岸红。"景德镇的青花瓷和釉里红瓷最为有名。青花瓷的名称唐代已有，但直到元代的景德镇才最为著名，俗称"元青花"。青花瓷采用含钴的进口"苏麻离青"或国产青料，色泽青翠，格调高雅，并佐以丰满的花纹构图，流畅的笔法和粗壮的勾勒，具有很高的观赏价值。清代龚鉽《景德镇陶歌》中云："白釉青花一火成，花从釉里透分明。可参造化先天妙，无极由来太极生。"釉里红是将含铜元素作为呈色剂的彩料，通过釉下彩的方式在瓷器上形成风格古朴、厚重的深红色。由于铜离子呈现的颜色对温度和气氛非常敏感，烧成难度极大，成品率很低。然而，在雍正时期，景德镇的釉下彩技术实现了突破，出现了青花釉里红工艺。青花为钴，釉里红为铜，两者烧成工艺显然不一致，但青花釉里红却将两者都烧得十分鲜艳，体现了极高的技术水准。常见的青花釉里红图案为云龙纹或海水龙纹，以青花绘出云朵和翻腾的海水，以铜红绘出飞舞的巨龙，既包含了青花的幽靓雅致，沉静安定，又有釉里红的浑厚壮丽，色彩丰富，形成了高雅而又朴实的艺术风格。

清朝康熙、雍正、乾隆时期，景德镇的烧瓷技术层出不穷，形成了青花、五彩、红釉、天青釉、素三彩、粉彩、珐琅彩、窑变釉、广彩等多种风格，产品绚丽多彩，艺术水平高，行销全国，远销海外，景德镇成为中国瓷器的主要产地。由于景德镇在瓷器生产上条件得天独厚，很多官员购买和贩卖瓷器，与民争利。然而，有位名叫许屯田的官员，为政清廉，从不买一件瓷器。《彭器资尚书文集》中有《送许屯田诗》："浮梁巧烧瓷，颜色比琼玖。因官射利疾，众喜君独不。父老争叹息，此事古未有。"清代后期，由于社会动荡，政府软弱，有着630多年历史的景德镇御窑厂在清宣统三年(1911)停办。

　　中华人民共和国成立后，在党和国家政府的大力扶持下，我国的陶瓷行业焕发了新的活力。中国古窑均得到了迅速恢复发展，包括宋代五大名窑（汝窑、官窑、哥窑、定窑、钧窑）以及景德镇窑、德化窑、耀州窑、龙泉窑、磁州窑等，都有不少重点企业和专业技术人员如雨后春笋般积极进行文化传承和技术革新。

第二章

君不见昆吾铁冶飞炎烟

——块炼铁技术

第一节

天生神物不虚弃——陨铁

一、"天外来物"与西楚霸王的英雄悲歌

江山莫谓全无主，半属英雄半美人。无论中西方，历史的书写创造与转折，总是更青睐英雄的伟岸身影。而在中国人对"英雄"形象的描摹中，似乎总是离不开这四大元素：宝剑、骏马、烈酒和爱情。

所以，这是一个有关宝剑、骏马、烈酒和爱情的英雄故事。

这个英雄，就是宋代著名女词人李清照笔下的西楚霸王："生当作人杰，死亦为鬼雄。至今思项羽，不肯过江东。"

李清照念念不忘并且衷心仰慕的，正是那位身陷四面楚歌却仍然执着"不肯过江东"的项羽。

时光回溯到公元前202年，这一年，汉王刘邦与大将韩信等合兵大举进攻楚王项羽。项羽驻军垓下（今安徽固镇东北、沱河南岸），迎战汉军。

时势造就英雄，而时势也会淘洗英雄。在无数次血雨腥风的战争之后，无数英雄已经湮没在烽烟之中。公元前202年这一次，"活到"最后的两位大英雄之间的巅峰决战更让人血脉偾张。

历史在期待一个结局，而结局似乎又总在历史的意料之外。

月黑风高的这天晚上，楚军营帐中。

"拿酒来！拿酒来！"

随着一声急躁的大喝，一个高大魁梧、身披铠甲、佩一柄宝剑的英武男子冲入营帐，他的呼吸急促，神情疲惫，眼神中透着焦虑。与众不同的是，他一只眼睛里竟然有两个瞳仁，即所谓的"重瞳子"。自古以来，人们都认为生有重瞳子的人往往能够成就大业，例如上古时候的舜帝就是重瞳子。

这位重瞳子的大将就是秦朝末年声威赫赫的楚霸王项羽。

秦朝末年，秦二世胡亥昏庸残暴，各地人民纷纷揭竿起义，反抗秦朝的暴政。在所有的起义军中，最有实力推翻秦朝获得天下的就是项羽统率的军队。然而，项羽偏偏碰到了他生命中最为强劲的对手——刘邦。

此时汉军士气高昂，兼有韩信、张良、陈平等高人出谋划策，相比之下，项羽处境极为危险。军队人数少还不算，关键是缺粮，想到将士饥寒交迫，项羽心中无比焦虑。刚刚和左右谋士开完会，项羽匆匆忙忙回到自己休息的营帐，一连声喊着上酒。

"酒来了。"随着一声轻柔的应答，一位容貌秀美、眼神清亮的女子从帷帐后绕了出来，手里端着温好的酒，桌上已经摆着几样精致的小菜——军中生活艰苦，她却总能像魔术师一样变着花样为项羽做好吃的饭菜。往常，无论军队生活多么繁忙危险，无论有多么焦虑多么疲惫，项羽只要一听到她温柔的声音，心情就会平复下来。

这位温柔秀美的女子，就是项羽最为钟爱的虞姬。在沙场上，项羽是所向披靡的勇士；在生活中，他是有情有义的丈夫。东征西战的戎马生涯中，始终陪伴项羽左右的女子，就只有这一位虞姬。

此时，虞姬看到项羽的神态似乎不再有往日那种自信与从容，而是显得无比颓丧。她往酒杯里斟满酒，柔声问："大王有什么烦心事吗？"

项羽叹口气："唉，我项羽纵横一世，无人能敌，没想到今天被刘邦逼到了绝境！"说罢，端起酒杯一饮而尽。

虞姬重新斟上酒，一手轻柔地抚在项羽的肩头："大王，胜败乃兵家常事，你不必太忧心了。以前我们不是也经常陷入困境，最后不是都能化险为夷吗？"

"唉——"项羽又是一声长叹，他握住虞姬的手，"这回的凶险不比以往的任何一次啊。汉军已经将我们重重包围，现在军营中只剩下区区几万人，且一个个饿得头昏眼花，如何能与汉军交手！"说完又是一饮而尽。

虞姬不再说话，凭她对丈夫的了解，她知道丈夫对形势一定有足够的把握，任何安慰对他而言都是苍白的。她只能温柔地陪在丈夫的身边，一次又一次地给丈夫的酒杯倒满酒。

"莫听穿林打叶声"

粉末冶金铁基材料中的马氏体组织

（图片来源：赫格纳斯公司）

很快，项羽就趴在桌上昏睡过去。

虞姬知道丈夫的酒量，不至于这么几杯就倒下了。连日来的疲惫，对战事的担忧让丈夫内心已经到了崩溃的边缘。难道局面真的就无可挽回了吗？虞姬忍不住悄悄叹了一口气。

"大王！大王！不好了！"忽然，营帐外响起一阵杂乱的脚步声，巡逻的贴身卫兵飞奔来报。刚刚还在昏睡的项羽霍然而起："什么事？"

卫兵颤抖的声音在帐外回报："大王，你听！"

项羽大踏步走出营帐，虞姬紧紧跟在他的身后。

在军营不远处，一阵阵歌声从四面八方传来，苍凉悲凄。项羽凝神静听，那是典型的楚地的歌谣，夹着夜间的风声，听起来竟是如此动人心神。

军营里也骚动起来——项羽的部下大多是楚人，如今听到熟悉的家乡歌谣，想起自己在外征战多年，家乡的老父老母、娇妻爱子常年不得相见，一个个都心酸不已，泪如雨下。四面的楚歌唱了一遍又一遍，似乎没有要停止的迹象，战士们一个个人心动摇。不久，就陆陆续续有三三两两的士兵悄悄离开军营——如泣如诉的楚歌声唤起了他们对家乡的思念，他们遏制不住地向家乡的方向逃奔而去。

"大王，赶紧派人拦截逃兵，重重处罚他们吧！"贴身卫兵焦急地建议。

"罢了！"项羽一挥手，"让他们回去吧。听这四面楚歌声，周围已经全部是汉军的地盘了，他们留下来恐怕也是送死，不如放他们一条生路吧。"

"大王……"卫兵还想说什么，项羽打断他，回头对虞姬说："去取我的剑来。"

虞姬转身取了项羽平时不离身的宝剑，递给他。

项羽看看虞姬，又回头望一下帐外心爱的坐骑——乌骓马，仰头慷慨悲歌起来：

力拔山兮气盖世，时不利兮骓不逝。

骓不逝兮可奈何，虞兮虞兮奈若何！

他一边高歌，一边拔剑起舞，似乎要将满腔悲愤和无奈全都融化在歌声与剑舞之中：虽然我力大无比勇气过人，可天时不利被围困在这里，平素最爱骑的乌骓马再也不能载着我驰骋疆场。连我的宝马都冲不出去，我还能有什么办法呢？虞姬啊虞姬，我失败了不要紧，可以后谁来照顾你啊？项羽一遍又一遍地舞着，黯然泪下。跟随项羽多年最亲近的将士们渐渐聚拢了过来，眼含泪光，却不忍心仰视他们一直最为崇拜的西楚霸王。

虞姬此刻也泪流满面，她轻声应和着项羽悲怆的歌声，也跳起了项羽平时最爱看的舞蹈——这是她生平最后一次为大王起舞了。大王身陷绝境，却仍为自己担忧，这让她心碎：虞姬啊虞姬，得夫若此，你还求什么？难道还要成为大王的拖累吗？

虞姬凝视着悲歌狂舞的大王，心如刀绞般地疼痛。对这个重情重义的男人，虞姬无以为报，只有奉献她全部的爱情。泪水仍然在脸颊上流淌，虞姬却露出一丝凝重的微笑，她深情地看了一眼项羽——这将是她最后一次凝视深爱的丈夫——然后，她毅然拔出剑来，自刎于项羽的身边。

项羽深知虞姬对自己的深情，却没有料到虞姬会用如此刚烈的方式来表达对自己生死相随的情意。抱着虞姬温软的身体，项羽泣不成声……

虞姬死得壮烈，项羽也要用同样壮烈的方式来走完英雄的一生。安葬好虞姬，项羽一声怒吼，率领仅剩下的800多名壮士，一路左冲右突，杀出重围，直奔到乌江岸边。此时的项羽身负十几处重伤，而黑压压的汉军已经逼近乌江。项羽眼看着已无退路，乌江亭长恰好有一条小船，仅能渡一人过河。他好心劝说项羽赶紧坐船逃过河去，只要保住了性命，将来还是可以再卷土重来的。项羽却谢绝了乌江亭长的好意，他慷慨地说："上天要让我灭亡，我又何必违抗老天爷的旨意呢？何况当年我和八千江东子弟渡江西征，如今再无一人生还。好兄弟同生死，共患难，我岂能如此无情无义，抛下他们独自偷生！"顽强战斗到最后一刻的项羽最终拔剑自刎，如同流星般陨落，只留下天空那道绚烂的光芒。

真正的英雄，应该就像项羽这样：敢于担当——不屈服于秦国暴政揭竿而起创造历史；仁而爱人——无论对待将士还是对待爱人都有情有义、有始有终；神勇豪气——纵横沙场视死如归决不苟且。

项羽一生最辉煌和最悲怆的时刻，始终跟随在他身边见证了一切的便是烈酒、美人、骏马与宝剑。而美人终究归于尘土，烈酒的浓香消散在时空之中，英雄成为了历史书中的一个"符号"，只有跟随项羽一生的那柄宝剑不知流落何方。但，我们相信，它一定还留在这个世界上。

项羽，名籍，字羽，《史记》说他年少时候读书、学剑都没耐心，他的叔父项梁很生气，责问他为什么如此不学无术，没想到项羽雄心很大："读书读到能够记住姓名就足够了，剑术再精妙也不过能打赢一两个人而已，不值得我这样的天才去花时间学。我要学就学能够抵挡千军万马的本事。"于是项梁才开始教项羽兵法。

秦始皇巡游会稽的时候，项梁带着项羽去围观，项羽一如既往野心勃勃："彼可取而代也！"——"总有一天我要取代这个人！"是的，项羽的理想不是当一个"武林高手"，而是要做一个一统天下的英雄。

尽管项羽既看不起书呆子也看不起一介武夫，但这位天才英雄仍然需要一件神奇的兵器才能够配得上他。正是在他围观秦始皇又立下凌云壮志的会稽，项梁与项羽最终决定起兵反秦。而项羽随身佩戴的一柄宝剑也第一次发挥了重要作用：会稽郡守殷通与项梁密谋反秦，项梁谎称让项羽去找桓楚出山带兵，并且让项羽"持剑居外待"。然后，项梁将项羽叫进来，一个眼色丢给项羽，项羽立即"拔剑斩守头"，随后项羽又"击杀数十百人"，无人再敢反抗。于是项梁、项

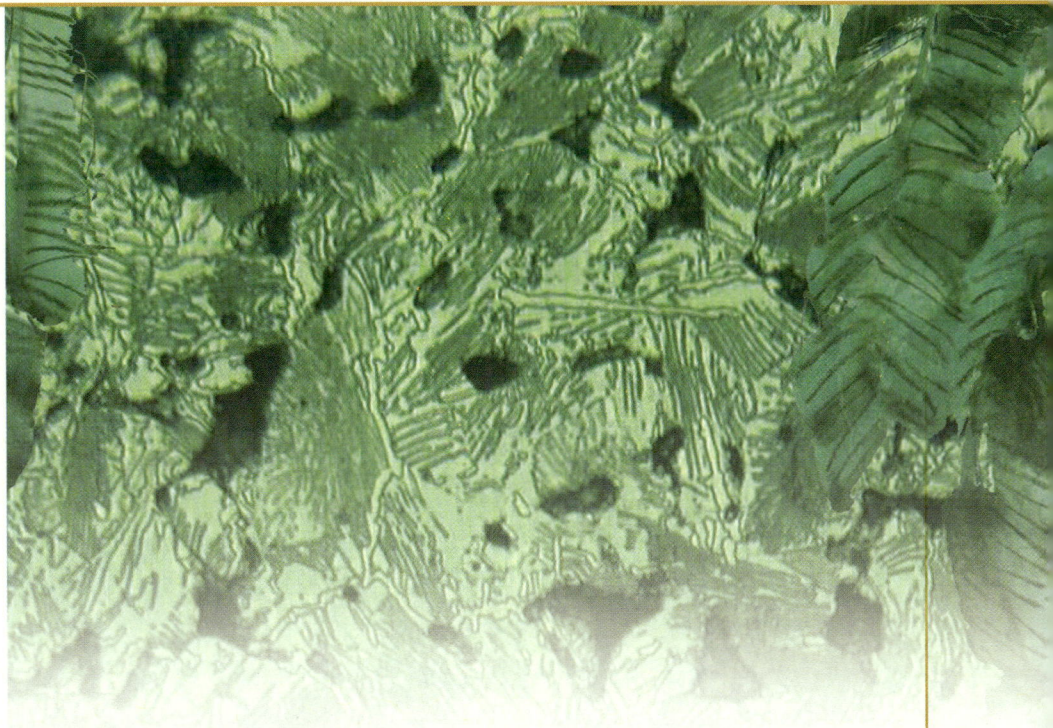

"雨打芭蕉叶带愁"

粉末冶金铁基材料中的珠光体组织

（图片来源：赫格纳斯公司）

羽正式宣布起义。

在项羽生命的最后时刻，他将心爱的坐骑乌骓马送与乌江亭长，然后令部下全部下马步行，"持短兵接战"。这里的短兵理应也是他随身所佩的宝剑。他最后还用这柄剑"杀汉军数百人"，他自己也身受十多处创伤，然后用这柄剑"自刎而死"。（《史记·项羽本纪》）

项羽的一生用过不少兵器，戟、弓箭、剑，他都很擅长，但时刻不离身的应该还是短剑。何况，项羽使用兵器在技术上并没有多么高明，因为他从来不曾也不肯下功夫学习任何一门兵器，他战胜敌人多半是靠他的天生神力："力能扛鼎，才气过人。"而他须臾不离的那柄宝剑，也极有可能是"天外来物"。传说——当然仅仅是传说，项羽起兵反秦之前，会稽曾经天降陨石，后来项梁请当地名匠从这块陨石中取铁为项羽锻造兵器，或许就是后来曾经伴随项羽一生的这柄宝剑了。

无独有偶，4000多年前，古埃及法老图坦卡蒙陵墓中一把陪葬的黄金刀鞘匕首也是用陨铁打造，其成分包含了镍和少量的钴；南洋马来群岛地区至今还在使用陨铁打造马来克力士剑。

让我们再把时光的镜头聚焦在古老的欧洲。《荷马史诗》中也曾将陨铁和众神联结在一起：

这时阿喀琉斯叫他们坐成圆圈留待，

从船上搬来丰富的奖品：大锅、三脚鼎，

许多快捷的马匹、驮骡、强壮的肥牛，

还有许多腰带美丽的妇女和灰铁。

（在众神的竞技场上，阿喀琉斯为胜利者准备的奖品"灰铁"应该就是陨铁。）

佩琉斯之子又取出一个沉重的铁块，

利达的埃埃提昂以前把它当铁饼投掷，

神样的捷足阿喀琉斯杀了埃埃提昂，

把铁块同其他财物一起装运上船。

阿喀琉斯站起来对阿尔戈斯人宣布：

"谁想赢得这件奖品，请站出来！

即使他的肥田沃地离家宅很远，

有了这铁块他五年不用担心缺铁。

如果他的牧人或耕夫需要贴用，

他们用不着进城去取，就贮在手边。"

……

第三个投掷的是特拉蒙之子伟大的埃阿斯，

他甩手一掷，铁块飞过了前两人的标志。

轮到坚毅的波吕波特斯掷那铁块，

　　有如牧人用力抛出自己的棍棒，

　　那棍棒旋转着从牛群上面飞过，

　　那铁块也飞出这么远，人们齐声欢呼。

　　强大的波吕波特斯的同伴们立即站起来，

　　把他们的国王夺得的奖品送往空心船。

　　阿喀琉斯又为箭技取出灰色的铁器，

　　摆出双刃斧十把，另有十把单刃斧。①

　　《荷马史诗》也是关于众神、战争和爱情的故事，而陨铁在其中似乎也烙上了相应的印记。也许，"天外来物"与天才的将领才更般配！就像一首歌中唱到的那样："你降落得太突然了，我刚好呢又路过了……你带来了我的快乐，让这世界有点颜色……你像天外来物一样求之不得，你在世俗里的名字不重要了。正好我隐藏的人格是锲而不舍，直到蜂拥而至的人都透明了。我在不近又不远处。用明天换你靠近我……"（薛之谦《天外来物》）

二、玄铁重剑铸就的坚贞爱情

　　　　我整个的生命是 / 和你必然相会的保证 / 我知道，是上帝将你赐予了我 / 你是我终生的保护人……

　　　　　　　　　　　　　　　（普希金《叶甫盖尼·奥涅金》）

　　茫茫人海中，两个人的相遇原本就像是一个奇迹，而生死相许的爱情则更是奇迹中的奇迹。或许正因为如此，西方人将爱情视为与生命同等重要甚至置于生命之上。就像司汤达说过的那样："爱情之于我始终是至关重要的，甚至可说是我唯一的大事。"（司汤达《爱情论》）

　　中国的文化传统中或许不可能像西方那样产生爱情至上的信仰，但在中国人含蓄而内敛的爱情里同样不乏"春蚕到死丝方尽，蜡炬成

---

① 罗念生. 罗念生全集：第五卷 [M]. 上海：上海人民出版社，2004.

灰泪始干"的一往情深与生死相许。

这个故事出自当代武侠小说大家金庸笔下的《神雕侠侣》，曾被拍成电视剧，红极一时，而且还不断被翻拍。《神雕侠侣》里面有一个人物名为赤练仙子李莫愁，但正是这个配角却"捧红"了几句非常经典的古诗词。李莫愁痴爱着陆展元，两人曾经海誓山盟，可是后来陆展元移情别恋。李莫愁因遭遇情伤变成了内心充满仇恨的杀人魔头，并且把对旧情人的怨毒扩展到了所有的人。她的一生都在复仇中度过，为了发泄心中的愤恨，经常杀害无辜。李莫愁在《神雕侠侣》中的第一次极其特别的出场就是为了追杀陆展元全家：

> 过了良久，万籁俱寂之中，忽听得远处飘来一阵轻柔的歌声，相隔虽远，但歌声吐字清亮，清清楚楚听得是："问世间，情是何物，直教生死相许？"

> 每唱一字，便近了许多，那人来得好快，第三句歌声未歇，已来到门外。

李莫愁唱的正是中国古代爱情诗歌中的经典名作——金代元好问《摸鱼儿》的开头几句，全词是这样的：

> 问世间，情是何物，直教生死相许？天南地北双飞客，老翅几回寒暑。欢乐趣，离别苦，就中更有痴儿女。君应有语：渺万里层云，千山暮雪，只影向谁去。

> 横汾路，寂寞当年箫鼓，荒烟依旧平楚。招魂楚些何嗟及，山鬼暗啼风雨。天也妒，未信与、莺儿燕子俱黄土。千秋万古，为留待骚人，狂歌痛饮，来访雁丘处。①

"问世间，情是何物，直教生死相许？"这个问题虽然是由李莫愁抛出来的，但是在情场中历尽千劫的人无一不会由此进行深刻的反思。这几句歌词成了贯穿《神雕侠侣》情节的一条主线，生死相许的

---

① 起句亦有版本作"恨人间、情是何物，直教生死相许。""就中更有痴儿女"有版本作"是中更有痴儿女"。"千山暮雪"有版本作"千山暮景"。

爱情正是《神雕侠侣》着力表达的主题。

而小说中最能够诠释"问世间，情是何物，直教生死相许"的人物，当然并非李莫愁和陆展元，而是男女主人公：杨过和小龙女。小说中有这样一个情节：

> 小龙女和杨过身中情花剧毒，自知时日无多，看着别人的男欢女爱，他们不免感慨万千。杨过低声吟道："问世间，情是何物？"顿了一顿，道："没多久之前，武氏兄弟为了郭姑娘要死要活，可是一转眼间，两人便移情别向。有的人一生一世只钟情于一人，但似公孙止、裘千尺这般，却难说得很了。唉，问世间，情是何物？这一句话也真该问。"小龙女低头沉思，默默无言。

杨过，似乎"整个的生命"就是为了和小龙女"必然相会的保证"。他们相遇的初期，小龙女曾经是杨过的保护人，她是他的师父，是他的"姑姑"，是他唯一的爱人；而此后的一生中，杨过是小龙女"终生的保护人"，纵使他一生放荡不羁爱自由，纵使无数女子为他倾情为他情伤，但他始终只是小龙女唯一的爱人；他的生命中"唯一的大事"，就是守护他的爱人。他是她的"铠甲"，也是她的"玄铁重剑"。

小龙女在身受全真五子一招"七星聚会"和金轮法王轮子的前后夹击，命悬一线之际，杨过及时赶到，尼摩星从斜刺里冲出，"右手拐杖便向杨过和小龙女头顶猛击下去"。

此时的杨过已经只剩下一条手臂，他左手搀扶着命若游丝的小龙女，单凭一只空袖绝对应付不了武功高超的尼摩星。"这时小龙女全身无力，正软软地靠在他身上，于是身子左斜，右手空袖横挥，卷住了小龙女的纤腰，让她靠在自己前胸右侧，左手抽出背负的玄铁重剑，顺手挥出。"

这应该是自杨过得到玄铁重剑后的第一次神剑出鞘。只听"噗"的一声，响声又沉又闷，便如木棍击打败革，尼摩星右手虎口爆裂，一条黑影冲天而起，却是铁杖向上激飞。这铁杖也有十来斤重，向天空竟高飞二十余丈……

连杨过自己都没有意识到这把玄铁重剑竟有如此威力！剑上刚力已然明了，他又在尼摩星左手铁杖再度攻到之前，尝试着使用剑上的柔力，"重剑剑尖抖处，已将铁拐黏住……当下重剑不向上扬，反手下压，那铁拐笔直向下戳落，尘土飞扬，大半截戳入了土内。尼摩星握着铁拐，想要运劲拔起，但右臂经那重剑一黏一压，竟如被人点了穴道一般，半点使不出劲来"。

诗 "醉里挑灯看剑"

Ni-Al-Os铸态合金中的树枝晶组织

（图片来源：林彦）

接着，杨过又用玄铁重剑接连重创潇湘子等人。正在大家都不明所以、相顾骇然的时候，只有在场的西域大贾尹克西见多识广，善于鉴别宝物。他心里暗暗忖度："此剑如此威猛，大非寻常，剑身深黑之中隐隐透出红光，莫非竟是以玄铁制成？这玄铁乃天下至宝，便是要得一两也是绝难，寻常刀枪剑戟之中，只要加入半两数钱，凡铁立成利器。他却从哪里觅得这许多玄铁？再说，这剑倘若真是通体玄铁，岂非重达四五十斤，又如何使得灵便？"

其实，这把玄铁重剑共重八八六十四斤，如果不是这般沉重，即便杨过内力再强，也断不能发出如此大的威力。尹克西心念一动，便想来抢夺这"天下至宝"，他知道杨过武功厉害，若是硬拼，自己绝非他的对手，可是他看杨过眼中无物，满心满眼里只有对小龙女的关切，于是拿着一把匕首声东击西直向小龙女胸口扎去。

杨过情急之下，果然撒手挺剑送出，剑长匕短，重剑隔在三人之间，匕首便扎不到小龙女身上。但杨过因救小龙女心切，撒剑的时候力道太猛，尹克西闪避不及，"顷刻间只感五脏六腑都似翻转了，站在当地，既不敢运气，也不敢移动半步，便如僵了一般"。

"杨过走近身去，伸手接过玄铁剑，轻轻一抖，只听得丁丁东东一阵响过，阳光照射之下，宝光耀眼，金银珠宝撒了满地，一条镶满珠宝的金龙软鞭已震成碎块。"

这一轮大战，杨过独臂单剑，护卫着重伤的小龙女，却接连杀得尼摩星、潇湘子、尹克西、金轮法王等大败。就在重阳宫数百名道士众目睽睽之下，杨过却与命在须臾的小龙女软语缠绵，旁若无人："从今而后，你不是我师父，不是我姑姑，是我妻子！……我断了手臂，你更加怜惜我；你遇到了什么灾难，我也是更加怜惜你。"小龙女低低地道："是啊，世上除了你我两人自己，原也没旁人怜惜。"

"问世间，情是何物，直教生死相许"，相依相伴闯过生死却又将生死置之度外的爱情，就该是杨过与小龙女这样吧？

小龙女在，杨过就知道生命的方向何在；杨过在，小龙女就知道

诗 "离魂莫惆怅，看取宝刀雄"

共晶高熵合金切片组织

（图片来源：韩六六）

他手上的那把玄铁重剑一定会是他们爱情最有力的守护神。

当年，杨过在剑魔独孤求败的剑冢中偶然得到了这把玄铁重剑。这是一把两边剑锋都是钝口的兵器，剑尖更圆圆的似是个半球。独孤求败在剑下石刻中留下了这样几行字："重剑无锋，大巧不工。四十岁前恃之横行天下。"在神雕每日的督促陪练下，杨过终于能将这把无锋的玄铁重剑使得出神入化，而且第一次重剑临敌，便从死亡边缘救下了他生命中最重要的女人。

杨过与小龙女的不合礼制的恋情，终究要遭到江湖"围剿"，然而，无论他们还将蹚过多少险恶风波，他们终将一生厮守在明月清风之中，和他们的神雕一起，他日江湖再会，把酒临风，依然是神仙眷侣。而那把玄铁重剑，已然完成它的历史使命。传说——又是传说，它是从天上落下的陨石中提炼而得，因此，我们愿意相信，天上总有一颗星，会一直默默却又顽强地守护着天下的有情人。

就像金庸先生说的那样，"武侠小说的故事不免有过分的力气和巧合"，但他一直希望能够做到，"武功可以事实上不可能，人的性格总应当是可能的"。杨过与小龙女的离合悲欢，杨过与玄铁重剑的奇妙遇合，看似是不可能的巧合与天意，可是，只因生死相许一往而深的真情，世间的一切不可能才能成为相遇的偶然和相守的必然。

我们愿意如此相信，也一直如此深信。

三、知识小贴士：陨铁与古铁器

陨铁是陨石的一种，来自太空脱离轨道的行星。按含铁量由低到高，陨石可分为石陨石、石铁陨石和铁陨石（陨铁）。能够用来制作铁器工具的主要是陨铁，含铁80％以上，常含镍4％～20％。铁陨石非常稀少，比例不到总陨石量的6％。在所有已发现的产生陨石的135个行星中，仅75个行星含有铁陨石。我国典籍中多有陨石坠落的记载，如《史记·天官书》记载："星陨落地，则石也。"沈括在《梦溪笔谈》中第一次指出了陨石的主要成分可能是铁："治平元年（1064），常州日禺时，天有大声如雷，乃一大星，几如月，见于东南。少时而又震一声，移著西南。又一震而坠在宜兴县民许氏园中，远近皆见，火光赫然照天……视地中只有一窍如杯大，极深。下视之，星在其中，荧荧然，良久渐暗，尚热不可近。又久之，发其窍，深三尺余，乃得一圆石，犹热，其大如拳，一头微锐，色如铁，重亦如之。"当然这与他见到的具体陨石种类有关。目前，我国发现的最大的陨铁位于新疆阿勒泰地区青河县，重量可能超过30吨。

陨铁作为一种自然物质，成分比较复杂。镍是鉴别陨铁与古代人工冶炼铁区别的重要标志，因为铁镍合金被认为是众多小行星地心的重要组成成分。除此之外，陨铁在化学成分上还含有Co、S、P、Cu、Cr、Ga、Ge和Ir等元素。历史上，陨铁曾根据其内部形貌分为六面体纹理、八面体纹理和无结构纹理几种。目前，根据陨铁中衡量的化学元素，如Ga、Ge和Ir等成分的不同，可分为14个化学群。[①]

镍是奥氏体铁的稳定元素，由于陨铁冷却速度很快，因此常有马氏体形成。典型的陨铁通常呈现出魏氏体结构，由交错的铁素体和马氏体组成。其中，富铁相含约6%的镍，而贫铁相含高达48%的镍，这与相图成分是一致的。

高的镍合金含量对陨铁具有显著的固溶强化作用，细小的快速凝固层片组织和马氏体相的存在使得陨铁的强度和硬度非常高，是理想的工具和兵器打制材料。陨铁在炉内加热到高温可进行塑性变形。因而通过锻打，人类在早期就可以将其加工成所需的各种形状和器具。章鸿钊《石雅》云："或曰：上古之世，地铁未兴，其所用铁具与武器，每自陨石得之，则陨石亦文化之所资也。"即古人发现陨铁可以利用。

由于陨铁非常稀少，因此通过与铜和其他软性金属复合，可作为高强的芯部和锋利的刃部。我国河北藁城台西村商代遗址发现了一件铁刃铜钺。经过科学鉴定，此铜钺属商代中期，公元前14世纪前后，即殷商安阳小屯早期，距今3300余年。此外，我国河南三门峡市上村岭虢国墓地，为公元前9至公元前8世纪的两座国君墓，共出土了3件含铁陨石的铜器，一件为铜内铁援戈，属兵器，另外两件为铜銎铁锛和铜柄铁削，属工具。不管是铁刃铜钺，还是铜内铁援戈，都是通过将陨铁和铜材复合制备而成的。

我国武侠小说中经常出现"玄铁"一词，据说该器物集天地之精华，彰造物之灵气。例如金庸小说《神雕侠侣》之玄铁重剑；《倚天

---

① Benedik G K, Haack H, McCoy T J. Reference Module in Earth Systems and Environmental Sciences[C]//Treatise on Geochemistry, 2014: 267-285.

屠龙记》之屠龙刀；《侠客行》之玄铁令；古龙小说《陆小凤传奇》中西门吹雪之剑；《绝代双骄》中李大嘴之玄铁菜刀。"玄铁"制造出来的都是至尊武器。实际上，不论是古代历史文献，还是科技史研究文献，均没有"玄铁"一词。从文学作品的描述来看，"玄铁"即应为"陨铁"。

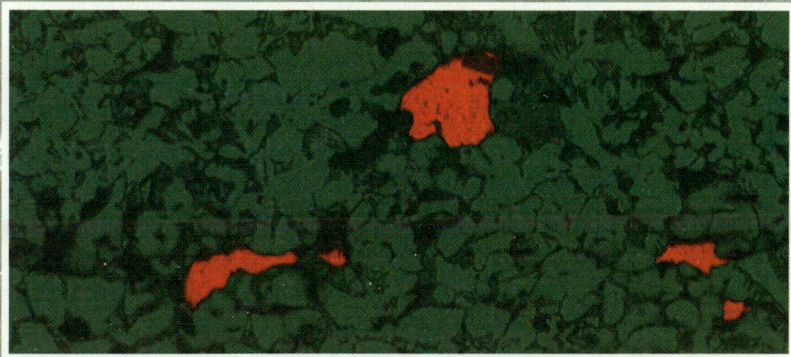

拓 "万绿丛中数点红"

粉末冶金铁基（Fe-Cu-C）材料组织

（图片来源：赫格纳斯公司）

第二节

剑气射云天——块炼铁

一、史上最帅铁匠嵇康与浩然正气

三国魏元帝曹奂景元三年(262)秋天，京城洛阳上空黑云压城，仿佛老天也悲伤得泫然欲涕。平时人群熙攘的城市这一天却是一片寂静，而东市的刑场，此刻正被如潮的人流围得水泄不通。

所有的人都在等待却又最害怕到来的那一刻终将到来。

这一天，是嵇康即将被处决的日子。

嵇康是谁？

他是那个时代知识分子的"意见领袖"，是最风流潇洒的"竹林七贤"的灵魂人物，也是那个时代最英俊最迷人的帅哥——没有"之一"！

嵇康有多帅？想要知道答案，不妨先从他儿子说起。曾有人评价他的儿子嵇绍："卓卓如野鹤之在鸡群。"(《世说新语·容止》)——"鹤立鸡群"的出处就在这里了。结果对嵇康、嵇绍父子都很熟悉的竹林七贤之一王戎听到这个评价后，不以为然地笑笑说："嵇绍鹤立鸡群？切！那是因为你们没见过他的父亲！"

儿子已然是"鹤立鸡群"的帅哥之翘楚，可是跟他的父亲比起来，仍是小巫见大巫。父亲到底有多帅，你们自己去脑补吧！

　　再来说说"竹林七贤"，这是那个时代集学术时尚、文学潮流与气质担当于一体的人杰组合。这个群体之所以能够集结在一起，是因为嵇康；七贤后来之星散，也是因为嵇康。那么，嵇康何以成为这个引领时代风云的名士群体的领袖呢？

　　首先，嵇康身份不一般。嵇氏家族虽然可能并非名门望族，但嵇康娶的夫人却是曹操的孙女长乐亭主（也有人说是曹操的曾孙女）。嵇康本人也在曹魏出仕，身份贵重。

　　其次，嵇康的学问才华不一般。《晋书》说他"美词气""有奇才，远迈不群"，博览群书，无所不通，尤其对老庄有深入研究。

　　最后，就要说到嵇康非同凡响的颜值与气质了。通常正史的记载很少渲染传主的容貌，除非他（她）极丑或极美，而嵇康显然属于极美的那一款。他身高七尺八寸，大约相当于今天1.88米的个头。即便他"土木形骸，不自藻饰"，人家还是认为他"龙章凤姿，天质自然"。他去山上采草药，砍柴的樵夫看他都看呆了，甚至忘了手中的活儿，还以为是见到了神仙下凡。就连他喝醉了都别有一番动人的姿态："嵇叔夜（嵇康字叔夜）之为人也，岩岩若孤松之独立；其醉也，傀俄若玉山之将崩。"

　　关于嵇康的魅力，最有说服力的故事来自竹林七贤中年纪最长的山涛及其夫人。

　　有一段时间，山涛经常外出，有时候甚至一连几天不回家，回来之后还显得魂不守舍、兴奋不已的样子。妻子不免有些吃醋：丈夫是着魔了吗？他到底和什么人在一起，导致经常整日整夜地不着家呢？要知道，在此之前，山涛和妻子的关系可是恩爱非常啊。

　　山涛一听妻子发问，便老老实实回答说："我最近结交了两位新朋友，我和他们真是一见如故、相见恨晚。我们只见了一面，就已经契若金兰，如胶似漆。这么说吧，我这辈子见过的、最值得我交的朋友，就只有这两位了。"

　　妻子一听，好奇心越发被勾起来了："被你这么一说，我也想见识一下他们的风采了。看看你的眼光到底准不准啊。"

山涛有些犹豫："这……你一个女子和陌生男人见面，恐怕于礼不合……"

妻子说："没关系，我可以从里屋偷偷地看，绝对不打扰你们聊天喝酒。"

山涛拗不过妻子，只好答应了。于是他让妻子准备了丰盛的酒菜，邀请这两位新朋友到家中来做客，通宵畅聊。他的妻子则从墙洞里偷偷观察丈夫和那两位朋友，看得入了迷，一直到第二天天亮还舍不得回房去休息。

山涛送走两位朋友，回房之后便问妻子："你觉得我交的这两位朋友怎么样？"

妻子调皮地一笑："你想听真话还是想听假话？"

山涛说："那当然要听真话了。"

妻子又是一笑："说真话吧，你的才华气质比起他们二位来可是差得太远啦。"

山涛脸一红："我有这个自知之明……"

妻子收起笑容，又很认真地补充了一句："不过，虽然他俩的才华气质超过你，但凭良心说，我也很佩服你慧眼识珠的能力。你能发现这样两位杰出的人物，说明你的见识度量也非同寻常啊。"

山涛被妻子这么一赞美，也释然地笑了："对啊对啊，他们也认为我的长处就在见识度量上呢。"

这两位让山涛夫妻心悦诚服奉为人中龙凤的好朋友，一位是阮籍，另一位就是嵇康了。

然而就是这样一位让时人倾倒的嵇康，却在不到四十岁的年纪被押上了刑场。

当时的朝廷，名义上是曹魏政权，实际上真正的掌权者是司马昭。而嵇康之所以不容于司马昭，直接导火线竟然是因为嵇康是个傲气的打铁匠！

这个故事要从嵇康打铁的业余爱好说起。魏晋名士每个人都是与众不同的——连业余爱好都如此出人意料。当然，或许嵇康的帅也有一部分要归功于其打铁，毕竟肱二头肌和八块腹肌的锻炼是需要长期不懈的体力劳动的。

关于嵇康打铁，正史也有记载。《晋书·嵇康传》云："（嵇康）尝与向秀共锻于大树之下。""锻"的意思就是把金属加热后锤打。向秀也是竹林七贤之一，同时也是嵇康最忠实的"小迷弟"之一。既然嵇康有打铁的爱好，为了能和嵇康多多亲近，向秀就自告奋勇帮他拉风箱。《文士传》的描述更具体一点：嵇康"性绝巧，能锻铁"。嵇康很聪明，很会因地制宜就地取材。他家门前有一棵长得特

"柴门闻犬吠，风雪夜归人"

粉末冶金Ti-Fe合金组织

（图片来源：韦伟峰）

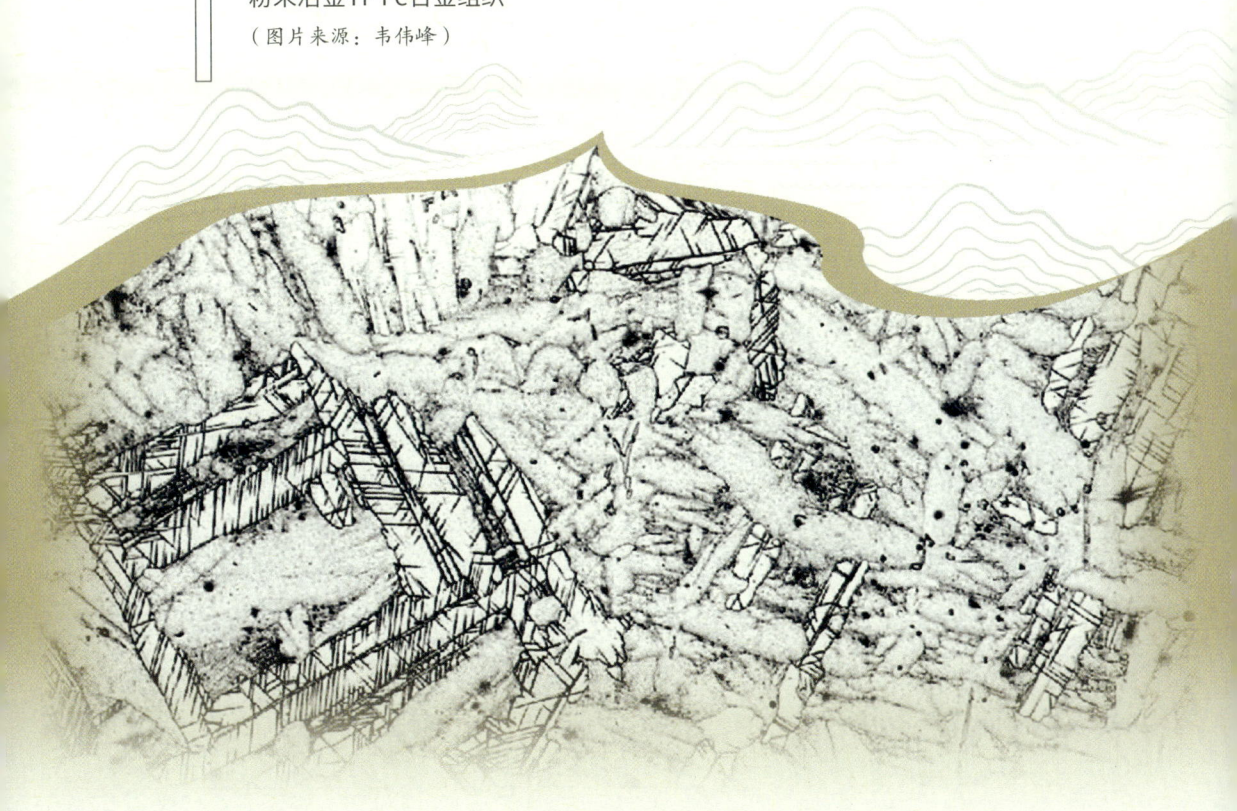

别粗壮特别茂盛的柳树。他就把打铁的工具安置在柳树下，然后引水以环绕之，以水排产生的动力鼓风吹炭，让火烧得更旺，而且即便是盛夏也会比别处显得清凉一些。他自己就在柳树荫下旁若无人地打铁。虽然嵇康家贫，但若有人来找他打铁器，他分文不收，于是亲朋故旧就会带着酒带着肉去找他吃喝一顿，聊聊天，如此而已。

当时有一个叫钟会的人，仰慕嵇康的风采和学识，很想找机会拜访他。钟会是出身名门的贵公子，他的父亲就是名满天下的政治家、书法家钟繇。钟繇在曹丕当皇帝的时代曾经官至太傅，地位还在司马懿之上。钟会继承了父亲的书法天赋，也是那个时代的著名书法家；然而在政治立场上，钟会却倒向了司马氏，成为司马氏门下的忠实走狗。

钟会想要结识嵇康的愿望由来已久。有一次，钟会写完一本名为《四本论》的书，很想请嵇康指正，如果能得到嵇康的几句美言那就更好了。于是他将书稿揣在怀中偷偷去了嵇康家里。可是等他到了嵇康家门前，几度逡巡终究没能鼓起勇气敲门进去，在门外犹豫良久之后，最后将书稿远远地从门外扔到了嵇康院子里，然后三步并作两步掉头就跑了——那模样，活像一个故意恶作剧又怕被人发现逮住的"熊孩子"！

一个人不敢去，下一回钟会就学"乖"了，他召集了一大批贵胄公子哥儿，一个个鲜衣怒马，陪着他浩浩荡荡，再次去了嵇康家。到底是人多势众，钟会这一次胆儿肥了许多，于是他就亲眼见到了传说中美得让人不敢多看的画面——在那棵巨大的柳树下，1.88米身高的嵇康正在全神贯注地打铁。他赤裸着上身，乌黑的长发随意地披散开来，古铜色的皮肤在婆娑树影下闪着光，隆起的肌肉随着他挥舞的胳膊有节奏地晃动。那位忠实的"小迷弟"向秀则卖力地拉着风箱，仿佛这是世界上最有意义、最值得全力以赴的工作。

这真是一幅太过神奇的画面：一边是目中无人，"扬槌不辍"、不修边幅却无比性感的打铁匠嵇康；另一边是一大群乘肥衣轻却又目瞪口呆手足无措面面相觑的贵胄公子。《魏氏春秋》形容此刻的嵇康，用词更为犀利："箕踞而锻"。"箕踞"就是两条大长腿舒展地坐在地上，就像畚箕一样，这是一种特别率性随意而不拘礼法的坐姿。

想象一下，"龙章凤姿"的大帅哥嵇康用了最轻蔑的姿势"箕踞而锻"，钟会心里该会是怎样的五味杂陈？

就这样，"箕踞而锻"的嵇康硬是将钟会一伙晾在一边大半天的时间。钟会的脸色一会儿红一会儿白，简直是无地自容，直到他终于醒悟过来：嵇康那一声一声有节奏的锤打，简直是一声一声啪啪啪啪打在了他的脸上。意识到这一点让钟会无比沮丧，他灰头土脸地掉转马头准备离开。没想到，一直没有正眼看他一下的嵇康就在他正要离去的一刹那，突然停下了手中打铁的活儿，幽幽地问了一句："何所闻而来？何所见而去？"

这真是赤裸裸的讽刺了。钟会虽然被羞辱得无以复加，毕竟也是世家子弟，起码的聪明和自尊还是有的，于是他悻悻地回了一句："闻所闻而来。见所见而去。"

很可能就是从这一天起，钟会对嵇康起了杀心。他需要做的只是等待一个机会而已，或者说，只是需要创造一个机会而已。

机会总是会有的，莫须有的罪名也总是会有的。钟会很快就找到了这样的机会。他对司马昭说："嵇康，是人中的卧龙，绝对不能让他得势！明公您要坐稳天下，实在已经是万事俱备，没有什么可担心的了。可是看来看去，只有嵇康恐怕会成为您的心腹之患，这家伙心存反叛，绝对不能放过他啊！"

嵇康是曹家女婿，又在名士中拥有至高的声望，司马昭本来也想除之而后快。于是就出现了公元262年秋天的那一幕——因为嵇康，这很可能是中国历史上文人最美的一次赴死：

> 康将刑东市，太学生三千人请以为师，弗许。康顾视日影，索琴弹之，曰："昔袁孝尼尝从吾学《广陵散》，吾每靳固之。《广陵散》于今绝矣。"

诗 "水光潋滟晴方好"

Ti-Nb合金锻造后的异质结构组织

（图片来源：成文娟）

　　嵇康被判死刑，三千太学生为其鸣冤请愿，还请求让嵇康去太学当他们的老师。司马昭当然不可能改变主意，太学生的请愿很可能还让司马昭更加意识到了嵇康的声望，觉得杀掉嵇康实在是最正确的决定。临刑那天，龙章凤姿的嵇康宽袍大袖，风神朗朗，不知道的人，还以为是御风而行的神仙中人，谁能想到那会是一个即将引颈就戮的死刑犯？

　　当喧闹的人声突然安静下来，嵇康优雅地回头看看太阳，优雅地坐下来，优雅地抚着膝上那把心爱的琴，最后一次弹了那曲《广陵散》。据说，《广陵散》讲述的是战国时聂政刺杀韩相侠累的故事。可以想见，这首乐曲当如岩下松风般壮阔而激越。《广陵散》原本是高人秘授给嵇康的乐曲，嵇康也是向来秘不授人。袁准（孝尼）曾经请求跟他学弹《广陵散》，嵇康迟疑再三终究没有舍得教他。如今琴毁人亡，他不由得慨然长叹："《广陵散》于今绝矣！"

临刑前嵇康的这一声悠然长叹，仿佛穿透了漫漫历史长空，并且定格成一个无比壮美而高贵的成语——广陵绝唱。

"《广陵散》于今绝矣！"不，嵇康从来不怕死，他叹息的只是美的毁灭。龙章凤姿的容颜之美，高山流水的音乐之美，千岩竞秀万壑争流的山川之美……而所有美中的最美，乃高举不屈的人格之美！

"《广陵散》于今绝矣！"嵇康已逝，《广陵散》从此成为绝响。但是，依然留在这个世间的，除了嵇康崇高的人格之美，总还有些什么吧！

时光的书页翻过800多年，人们在北宋诗人苏轼的笔下发现了一首奇诗《铁拄杖》。诗中这样描述这根铁杖："柳公手中黑蛇滑，千年老根生乳节。忽闻铿然爪甲声，四坐惊顾知是铁。含簧腹中细泉语，进火石上飞星裂。"这根铁杖原本是福建人柳真龄的传家之宝，形状有似柳栗木，"牙节宛转天成"，中间有簧片，行走的时候会发出细微的响声。据柳真龄说，这根铁杖是闽王王审知赠给吴越王钱镠的宝贝，不知怎么后来偶尔被柳氏得到，于是转赠给苏轼。苏轼写下这首《铁拄杖》以表示谢意。

从此，苏轼将这根铁杖视为心爱之物，他拄着铁杖"踏破江湖草木春"（苏轼《乐全先生生日以铁柱杖为寿》）。虽然后来苏轼又将它当成无比珍贵的宝物转赠给了他最尊敬的恩师张方平，然而在后代诗人眼里，拄着铁杖、洒脱不羁行走江湖的苏东坡仍然是他最帅酷的经典形象："问东坡铁拄杖，于今海上未曾还。"（张雨《书东坡先生画像》）"子瞻手携铁柱杖，太白足上金銮坡。"（谢应芳《送秦宜仲主簿之京》）"天生神物不虚弃，提携万里归坡仙。"（陈赓《铁拄杖》）

传说——依然是传说，苏轼的这根铁杖说不定就是当年嵇康锻铁的代表作。无论这个说法是否有确凿证据，我们都宁可相信，当《广陵散》已成绝唱，总还会有一种永恒留在人间。正如同铁挂杖之历尽千劫而传世不朽，嵇康的独立人格，苏轼的浩然正气，依然是留在天地间铿然不绝的回响。

二、诸侯争霸背景下剑客的侠义情怀

公元前516年，楚平王薨。吴王僚趁着楚国丧乱的机会，派自己的两个弟弟公子掩余、公子烛庸率师伐楚，结果吴军陷入楚军围困之中，一时之间进退两难。

就在这时，吴王僚朝廷内部也开始暗流涌动——公子光一直在寻找机会想要刺杀吴王僚，取代他的王位。现在吴国大军远水救不了近火，或许正是动手的好机会。

至于公子光为什么要刺杀吴王僚，原因并不复杂：公子光的父亲吴王诸樊有三个弟弟，分别是二弟余祭，三弟夷昧，四弟季子札。诸樊知道最小的弟弟季子札最为贤能，所以诸樊在位的时候没有立自己的儿子为太子，而是将王位传给了弟弟余祭，并且留下遗诏，将来王位都是兄弟相传，这样的话，王位终究会传到最小的弟弟季子札那里。

可是余祭、夷昧相继死后，季子札却不愿意继位为王，反而逃走了，于是王位落到了夷昧的儿子僚身上——这就是吴王僚继位的原因。

僚继位之后，公子光不服，他说："如果按照兄终弟及的继承顺序，那应该是季子札为王；如果按照父死子立的顺序，那也应该是我这个嫡长子继位为王。怎么也不该轮到僚来当这个王啊！"于是，公子光一直秘密养士，等待机会夺取原本应该属于他的王位。

伍子胥知道公子光的志向，向他举荐了专诸。专诸，吴国堂邑人，公子光知道他很有才能，对他非常尊重厚待。趁着吴国大军出征短期内无法撤军的机会，公子光就来向专诸讨教计谋了。专诸说："可以杀掉王僚了。他母亲已老，孩子年幼，两个弟弟又陷在楚国被断了后路。吴国在外为楚国所困，在内又无骨鲠忠臣，这可是我们千载难逢的最好机会啊！"

据说，为了等待这一天，专诸韬光养晦已久。《吴越春秋》还记载了这样一个细节，专诸问公子光："凡欲杀人者，必须要知道刺杀对象的喜好是什么。不知吴王僚有什么癖好？"公子光说："他好吃。"专诸追问："他最喜欢吃什么？"公子光答："最喜欢吃烤鱼。"于是专诸专门跑到太湖学会了烤鱼的手艺。他烤的鱼色香味俱全，极是诱人。

公元前515年初夏的一天，公子光邀请吴王僚赴宴。僚的母亲知道了，暗中警告僚说："我看公子光对你当王是很不服气的，心气怏怏，常有愧恨之色，你不能不小心谨慎啊！"听了母亲的劝告，僚也不敢大意，赴宴那天，吴王僚派出最强悍的近身卫队。卫士们从王宫一直排到公子光的府邸，门口、台阶两边排列的都是持长戟全副武装的吴王亲信。酒到酣时，公子光假装犯了足疾，偷偷进入地下室——地下室里早就埋伏了身披铠甲手持利刃的武士，而专诸就等候在地下室中。

专诸打扮成大厨的模样，亲自端上香气四溢的烤鱼，呈到吴王僚面前。正当僚想要大快朵颐的时候，说时迟那时快，专诸迅速掰开鱼肚，取出一把鱼肠剑，直向吴王僚胸部刺去，锋利的鱼肠剑一剑刺穿了吴王坚硬的衣甲，"贯甲达背"，"王僚立死"。（事载《史记·刺客列传》及《吴越春秋》）

就在王僚应声倒地的同时，专诸亦被王僚的卫士即时格杀。公子光藏匿于地下室的武士趁乱冲了出来，尽灭王僚卫队，公子光"遂自立为王"，这就是历史上赫赫有名的春秋霸主之一吴王阖闾了。

《战国策·魏策》曾借唐雎之口渲染"士"之怒的威慑力，勇士专诸"榜上有名"。唐雎说：所谓士之怒，就是像"专诸之刺王僚也，彗星袭月；聂政之刺韩傀也，白虹贯日；要离之刺庆忌也，苍鹰击于殿上。此三子者，皆布衣之士也。……若士必怒，伏尸二人，流血五步，天下缟素。"

专诸之刺王僚，就正是"伏尸二人，流血五步，天下缟素"，而他藏在鱼腹中的那把一刺就"贯甲达背"的鱼肠剑也随之名扬天下。

天下纷扰的大争之世，威震天下的名剑又岂止专诸刺王僚的鱼肠剑？仅就春秋战国而言，楚国有龙泉剑，秦国有太阿剑、工布剑，吴国有干将、莫邪、属镂剑，越国有纯钩、湛卢、豪曹、鱼肠、巨阙诸剑。

据《吴越春秋》记载，吴王阖闾，不仅因一把鱼肠剑改变了吴国的命运，还因为他对于剑的酷爱，直接导致了另外两把名剑——干将、莫邪的横空出世。

干将是吴国人，是当时最有名的剑匠之一，和号称春秋时期第一铸剑名师欧冶子同一师门。干将奉吴王阖闾之命铸剑之时，他"采五山之铁精，六合之金英，候天伺地，阴阳同光，百神临观，天气下降，而金铁之精不销沧流"。他采集了最好的铸剑原材料，做足了准备功夫，可以说天时地利人和全都具备，然而理想中的宝剑始终不能锻造成功。干将百思不得其解，苦恼万分，这时他的妻子莫邪提醒他："吴王因为你善于铸剑而信任你、重用你，让你来铸造天下神剑，现在三个月过去了，你还一筹莫展，知道是什么原因吗？"干将愁眉苦脸地回答："我就是想不出原因啊！"莫邪又说："任何神器的创制，都离不开人的力量。今夫子作剑，又怎么可能没有人力相助呢！"真是一语惊醒梦中人，干将突然醒悟过来："当年我的师父铸剑的时候，就是因为金铁不能软化，师父、师母夫妻纵身跳进冶炉之中，然后才能炼成天下神器。至今采矿冶铁的工匠，都必须穿上麻布衣服系上葛麻布带，然后才敢铸金于山。现在我铸剑久而无功，恐怕就是这个原因吧？"莫邪说："师父尚且能够殉身以成神器，我们又有什么可吝惜的呢！"于是莫邪断发剪指，投入冶炉中，又使童男童

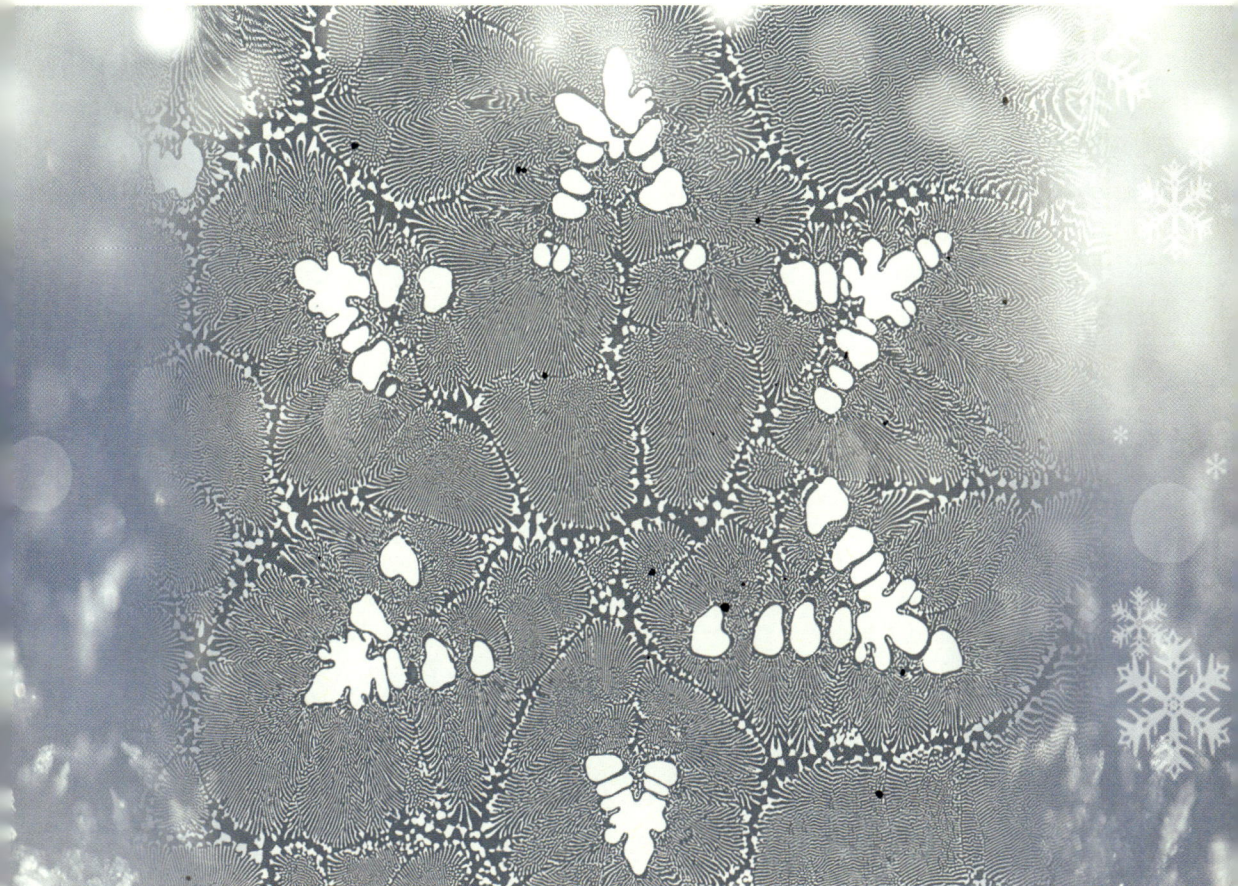

女三百人鼓风吹炭，坚硬的金铁终于变得柔软起来，一代名剑也由此诞生——铸成的两把神剑，阳者名曰干将，阴者名曰莫邪。干将剑上留有龟背的纹理，莫邪剑上则呈现无规则的纹路。于是干将藏起那把阳剑，将阴剑献给了吴王阖闾。

在那个诸侯争雄的时代，似乎任何一个偶然的机会都有可能改变一个诸侯国的命运，甚至改变历史的轨迹，而一把名剑的铸成，就很可能被视为国之重器，甚至成为称霸诸侯的精神支柱。

三、知识小贴士：块炼铁技术与古代名剑

块炼铁是人类最早的制铁技术。当时人类所采用的高温炉主要是用来熔炼铜，温度不够高（1100℃左右）。人们发现用木炭还原铁矿石，能够得到铁块。该温度（800～1000℃）远远低于铁的熔点，借鉴铜的冶炼炉技术即可以实现。然而，铁矿石还原出来的铁块为多孔块体，也称为海绵铁。因此，需要将海绵铁反复加热、锻打，将其中的杂质清除，并使之致密，以制成各种高强度、高硬度的工具和武器。由于反复锻打，块炼铁制造的器件呈现出宏观或者微观的纹路。这也是块炼铁材料与熔铸—锻造铁的重要区别。

沈括的《梦溪笔谈》中对块炼铁技术有较详细的描述："凡铁之有钢者，如面中有筋，濯尽柔面，则面筋乃见；炼钢亦然，但取精铁锻之百余火，每锻称之，一锻一轻，至累锻而斤两不减，则纯钢也，虽百炼不耗矣。此乃铁之精纯者，其色清明，磨莹之，则黯黯然青且黑，与常铁迥异。"

我国的块炼铁技术始于西周晚期。如河南三门峡市挖掘的西周古虢国墓，出土了玉柄铁剑和铜柄铁剑，均为块炼铁技术制造，距今约2800年。考古学家也发现了一些春秋早期的块炼铁器件，包括铁剑、铁条、铁铲等。

战国时期，块炼铁器件很多。河南战国中期魏国墓葬、湖北大冶战国中期古矿井、西安半坡战国中晚期墓葬中、河北易县战国晚期燕下都墓葬，有兵器（刀、剑、箭镞等）、铁耙、铁锄等。西汉是块炼铁技术的巅峰期，增加了渗碳和反复锻打次数。西汉刘胜墓也出土了不少块炼铁器件，如错金书刀、佩剑、钢叉、铠甲等。

我国古代除块炼铁之外，早在战国时期就发明了冶铸生铁技术（也有专家认为是同时出现的），差不多比欧洲早了1900年。[1] 这主

---

① 杨宽. 中国古代冶铁技术发展史 [M]. 2版. 上海：上海人民出版社，2017.

要得益于我国古代先进的铜冶炼技术，以及通过皮囊鼓风提高窑炉温度的技术。另一个重要的原因是，古人将铁矿石和木炭放在高炉或者坩埚内加热，碳含量的增加，可以显著降低铁的熔点，在1148℃就能够使铁开始熔化（见铁碳相图）。这样炼出来的铁含有高浓度的碳，即铸铁，古称"生铁"。西汉《淮南子·修务训》记载："苗山之铤，羊头之销。""销"即为生铁。"生铁"在《神农本草经》中被列为药物："生铁微寒，主疗下部及脱肛。""生铁"，由于成分差异导致断口颜色不同，可分为白口生铁、灰口生铁和麻口生铁，比熟铁硬度高，可制成农具。然而，"生铁"脆性大，不易成型。我国在战国时期还发明了铸铁柔化技术，即将生铁在中高温（750～950℃）氧化气氛进行长时间退火脱碳处理，使铸铁可进行锻造成型。《盐铁论·水旱篇》记载桑弘羊对私家炼铁的评价："家人合会，褊于日而勤于用，铁力不销炼，坚柔不和。"而对官家的炼铁："吏明其教，工致其事，则刚柔和，器用便。"生铁柔化后，即可通过反复锻打成型，并提高强度和硬度，用作制造兵器。由于冶炼铸铁技术日益发展，我国块炼铁技术在公元1世纪左右便消亡了。"嵇康打铁"发生在三国时期，当时采用的应该是冶铸的生铁坯，并通过柔化和锻打，制成了铁杖。

20世纪以来，块炼铁技术在现代铁粉生产中获得了新的发展。瑞典赫格纳斯公司先将铁精矿粉与焦炭粉末混合，在隧道窑中加热至约1200℃，还原成海绵铁。然后，将海绵铁破碎成100～200微米的粉末，在800～900℃下用氢气精还原，破碎后得到优质海绵铁粉。该技术为赫格纳斯公司成为全球最大的铁粉末供应商奠定了坚实的基础。由于能耗较高，环境污染较大，隧道窑技术逐渐让位于网带炉氢气热还原技术。

我国古代与块炼铁相关的名剑有不少。由于剑本身与战争密切相关，这些剑大多都有精彩的典故，也被赋予了不同的精神。

春秋战国时期，越国人欧冶子是中国古代铸剑鼻祖。传说欧冶子铸有太阿、龙渊、工布、湛卢、巨阙、鱼肠、纯钧、胜邪等剑。鱼肠剑即为《史记·刺客列传》记载的用于刺杀吴王僚的剑。《梦溪笔谈》中记载："鱼肠即今蟠钢剑也，又谓之松文。取诸鱼燔熟，褫去胁，视见其肠，正如今之蟠钢剑文也。"因此，鱼肠剑具有块炼铁刀剑典型的"鱼纹"，代表决绝之心。七星龙渊剑可见《吴越春秋》中关于伍子胥的典故，代表诚信之心。湛卢剑可见《东周列国志》中楚昭王的典故，代表仁道治国。杜甫有诗云："朝士兼戎服，君王按湛卢。"此外，还有不少其他重要的古剑，如承影剑，可见《列子·汤问》中孔周的典故，代表大道无形。

莫邪是欧冶子的女儿，而干将是其女婿，也是造剑名匠。《吴越春秋·阖闾内传》中记载："干将作剑，采五山之铁精，六合之金英。候天伺地，阴阳同光，百神临观，天气下降，而金铁之精不销沦流，于是干将不知其由。莫耶曰：'子以善为剑闻于王，使子作剑，三月不成，其有意乎？'干将曰：'吾不知其理也。'莫耶曰：'夫神物之化，须人而成，今夫子作剑，得无得其人而后成乎？'干将曰：'昔吾师作冶，金铁之类不销，夫妻俱入冶炉中，然后成物。至今后世，即山作冶，麻绖葌服，然后敢铸金于山。今吾作剑不变化者，其若斯耶？'莫耶曰：'师知烁身以成物，吾何难哉！'于是干将妻乃断发剪爪，投于炉中，使童女童男三百人鼓橐装炭，金铁乃濡。遂以成剑，阳曰干将，阴曰莫耶，阳作龟文，阴作漫理。"经章鸿钊先生及后人考证，"铁金"即铁矿石，"金英"即渗碳剂，"断发剪爪"为含磷添加剂，符合现代钢铁冶炼的成分要求。

○

第三节
铁马冰河入梦来——海外风云

一、德里铁柱与阿育王的仁政和平之路

"千里莺啼绿映红，水村山郭酒旗风。南朝四百八十寺，多少楼台烟雨中。"唐代诗人杜牧这首诗主要描写了江南春天如画的美景，千里莺啼、桃红柳绿，烟雨凄迷中水村山郭、寺庙楼台若隐若现。除了朦胧而又秀美的雨季风景之外，杜牧还捎带着对历史发出了一些感慨：南朝时候佛教盛行，到处兴建寺庙，由于统治者的大力提倡，佛教甚至俨然有成为"国教"的势头，然不承想，荒废了朝政；而在杜牧生活的中晚唐，崇拜佛教的趋势再一次抬头，因此有人说杜牧这首《江南春绝句》中的"南朝四百八十寺，多少楼台烟雨中"也隐隐蕴含着讽刺当朝的意味。

杜牧"南朝四百八十寺"所描述的南朝佛教繁荣，其中最重要的一位推动者便是南朝梁的开国皇帝梁武帝萧衍。梁武帝是一位文武双全的皇帝。他在登基的早期非常勤政，军事和外交上比较强势，曾经大败北魏军队，大大增强了南朝的军事自信。他在内政上注重兴办教育，提倡儒家思想。他自己也是一个博学多识的大才子。在他的影响下，南朝的文化日趋繁荣。更难得的是，作为一国至尊，虽能享有巨

大的财富和特权，但梁武帝的生活却异常节俭。史书上说他一顶帽子要戴三年还舍不得换新的，做衣服的布料从来不用绫罗绸缎，都是粗布粗麻，吃饭也是普通素菜杂粮。无论春夏秋冬，每天天不亮就起床批阅奏章，连手上生了冻疮也不在乎。在他的统治下，南朝梁的各方面都得到巨大的发展，因为他的年号为"天监"，因此这段时期史称"天监之治"（502—519）。

然而梁武帝统治下的南朝梁毕竟只是一个偏安江南的小王朝，持续时间短暂。梁武帝在统治后期笃信佛教，到后来甚至吵着闹着非要出家当和尚，并且还真的去做了几回和尚，以至于快要被皇帝逼疯的大臣们不得不从国库里拿出一亿钱去寺庙里把他赎回来。可是即便回到宫中，梁武帝还是沉迷于吃斋念佛之中，几乎不问朝政，而且还下诏规定和尚不能喝酒吃肉。

这个皇帝不管事，而且还"菩萨心肠"，总是不忍心处罚那些触犯法律的人，可国家从此乱了套，朝廷中小人横行，贪污纳贿之风疯长，杀人放火的也有恃无恐，因为反正没人管。就这样，梁武帝亲手埋葬了自己一手创造的"天监之治"的局面，南朝梁的国势从此江河日下，动乱不止。

时光回溯大约800年，在遥远的印度——也是佛教诞生地，同样有一个信奉佛教却统治着一个庞大帝国的国王。他被视为古代印度最伟大的王，因为他对这个帝国的统治，并非仅仅依靠武力征服，而更加强调精神上的信仰。他的统治政策不仅深深地影响了印度文明的发展，甚至在他致力于向外传播印度文化之后，还标志着东南亚地区诸多国家的印度模式文化的开始。

这位印度史上最伟大的王，就是孔雀王朝的第三位帝王，被称为"神所钟爱的"国王——阿育王。

公元前323年，入侵印度西北部的亚历山大大帝去世。在亚历山大大帝从印度撤回波斯之前，他在印度西北部建立了若干王国，并且接见了一些印度的国王，其中就包括后来孔雀王朝的奠基人旃陀罗笈多。那时，英雄骑士时代已经沉淀在历史的文字之中，权力政治时代已经到来，孔雀王朝在旃陀罗笈多儿子频头娑罗手中得到了进一步扩张与巩固，但孔雀王朝最伟大的统治者还是频头娑罗的儿子——阿育王。

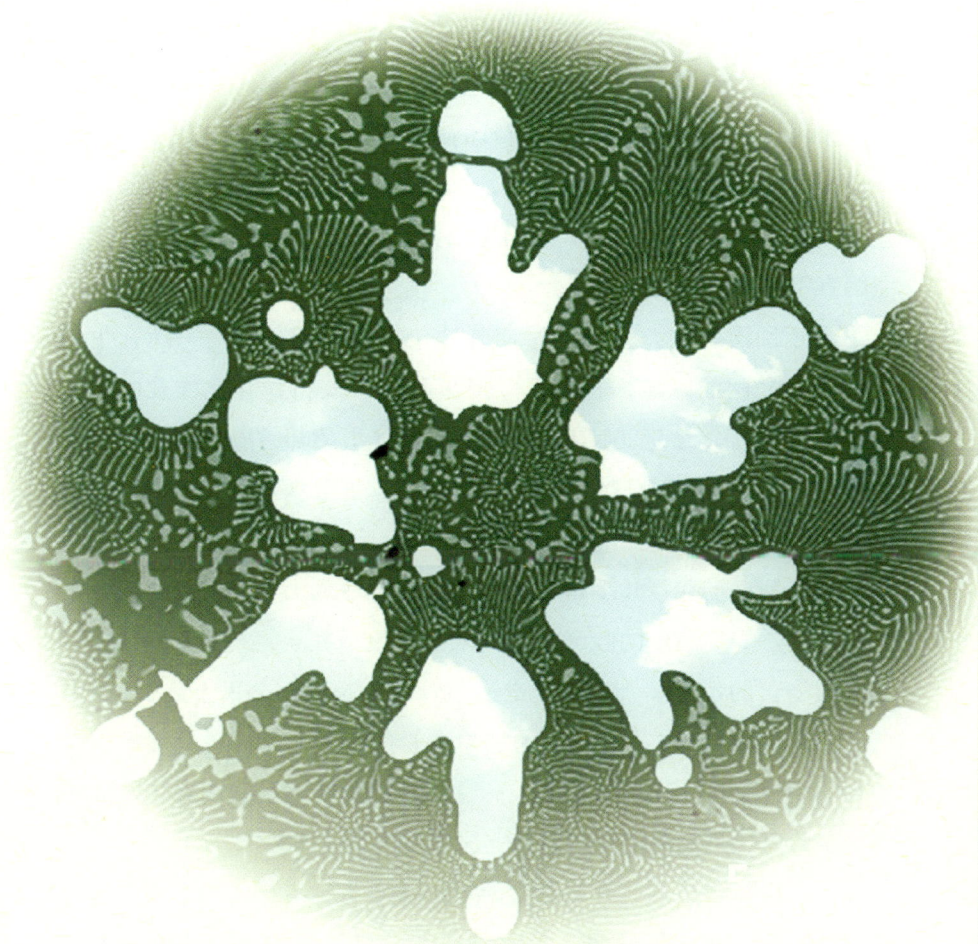

"秋风起兮白云飞，草木黄落兮雁南归"

共晶高熵合金组织中的析出

（图片来源：韩六六）

对于历史记载相对匮乏的印度而言，这位很可能也是世界上最伟大的君主之一的阿育王，一直沉寂在历史的烟尘之中。直到19世纪末，阿育王被英国文物学者和考古学者重新发现——感谢他有一个"好习惯"，他酷爱把署着他名字的皇帝诏书刻在岩石或柱子上。这些岩石和柱子遍布于庞大帝国的各个地方，阿育王的思想与决策也随之遍布帝国的各个角落。

阿育王大约在公元前269年即位，在他统治前期，他和他的祖父及父亲一样，相信武力征服，而且的确也主要依靠武力征服基本统一了印度。这个时期的阿育王显然是尚武好战的。在他登基的第9年，也就是公元前261年，阿育王征服羯陵伽王国，而这一次战役竟然成了阿育王统治思想的转折点。

羯陵伽国，在孔雀王朝时期疆域包括默哈讷迪河与哥达瓦里河二河下游之间的区域，相当于今奥里萨邦、安得拉邦北部及中央邦的部分地区。公元前261年，阿育王在今奥里萨邦首府布巴内什瓦尔市区南8公里的达亚河畔，发动了世界战争史上规模第二大的羯陵伽之战。阿育王派出包括10万步兵、500骑兵、400辆战车和500头战象的军队，这场战役几乎是毫无悬念地以羯陵伽大败而告终。

然而，一场战争的胜利带来的未必仅仅是狂欢，反而常常伴随着深刻与痛苦的反思。"可怜无定河边骨，犹是春闺梦里人。"（陈陶《陇西行四首》其二）战场上的累累白骨触目惊心，即便是惯看金戈铁马的阿育王也不由得悚然心惊。这场战役的惨烈，让阿育王从此改变了统治思想。他在刻柱的诏书上这样反省道：

> 当品德仁慈的神所钟爱的国王被奉为神圣已经八个年头的时候，羯陵伽被征服了。15万人被俘，10万人被杀，还有更多人死去。征服羯陵伽后，神所钟爱的立刻开始追寻正义、赞扬正义、指导维护正义。当一个尚未臣服的国家被征服时，很多人被杀死。……神所钟爱的对此心生怜悯并深感悲痛。……任何人犯了错，只要还能够宽恕，就将能得到宽

恕。神所钟爱的甚至要劝说帝国的森林部落并谋求改造他们。……神所钟爱的把正义的胜利看成是一切胜利中最伟大的胜利。

这简直就是一份深刻而真诚的"罪己诏"了。战争，从来就不是通往和平的唯一道路。当年秦始皇统一中国虽则建立了不世功勋，却也留下千载骂名。"暴秦"几乎成了贴在他身上的标签。"追亡逐北，伏尸百万，流血漂橹"（贾谊《过秦论》）成了挥之不去的战争梦魇。

几乎就在秦始皇挥鞭东指、征战列国的同时，印度的阿育王却从战争的血腥中醒悟，从此，他将为更崇高、更正义的信仰而奋斗，他将努力成为一个仁慈、宽恕与正义的王。

阿育王的这一转变和中国历史上的魏文帝曹丕还颇有几分相似。作为曹操众多儿子之一，曹丕从小学习就十分刻苦，还多才多艺，文武双全。八岁的时候，他就能写一手漂亮的文章，而且还擅长击剑，骑射俱佳；十余岁时便跟随父亲南征北战，磨炼出杰出的军事能力；二十五岁那年即以五官中郎将兼任副丞相。可就是这样一位从刀光剑影中闯出来的政治家和军事家，作为魏国的开国之君，曹丕的气质却既不同于霸气十足的父亲曹操，也不同于率性不羁的弟弟曹植，而是显示出温润如玉的诗意。他的性格中也颇有一些浪漫的艺术气质。当时的政治局面已然形成魏、蜀、吴三国鼎立的局面，蜀汉一直谋求北伐，东吴孙权三年不服，曹丕便将自己的诗赋抄写一份寄给孙权，仿佛是希望以艺术气质去熏陶、感化他，通过文学的力量来统一天下。

曹丕登基称帝后，封汉献帝刘协为山阳公，特许刘协在自己的封地仍然可以行汉正朔，以天子的礼仪进行郊祭等活动，这无疑显示出曹丕性格中仁爱的一面：历史上大多数的开国皇帝都会对前朝的亡国之君赶尽杀绝，生怕这些亡国之君心存故国，成为新朝的不稳定因素。然而因为曹丕的网开一面，刘协成了极少数善终的亡国之君之一——曹丕驾崩之后，刘协还活着，并且一直活到了曹丕的儿子魏明帝曹叡时期。

曹操正式毁灭了儒家的仁孝学说，摧毁了儒家思想的根基，曹丕则将他父亲刚刚建立起来的铁腕政策全部推翻，让中国历史看到了一个爱好文学尊奉无为而治与民休息的黄老精神的皇帝、一个愿意效法上古仁政之世刻意塑造仁君形象的皇帝。

阿育王亦是如此，他在自己后半期的统治中努力塑造一个仁君的形象。佛陀的慈悲光环笼罩着他，他推行宽容政治，强调非暴力主义，禁止杀生，努力通过和平的方式来统一国家，宣布不再主动发动战争。他告诫臣民们说：对人要仁爱慈悲，要孝顺父母，友爱亲朋，爱护动物，多做好事善事……甚至他的梵文名"阿育王"的意思就是"无痛、无忧"。他勉力让自己成为"正义"的典范，将所有地方的所有人都当成是他自己的孩子来对待——从战争的残酷中幡然悔悟的阿育王，最终活成了中国儒家理想中仁圣君子的模样。

儒家思想的创始人孔子就是反对通过掠夺战争来获取财富和土地的，亚圣孟子进一步发扬了孔子仁政的思想。据《孟子·梁惠王上》记载，齐宣王曾向孟子咨询齐桓公、晋文公称霸的经验。孟子回答说：从孔子以来，儒家学者就从来不传扬齐桓公、晋文公的霸业，所以孟子也不愿意对齐宣王讲霸道之事，而想跟他系统阐释儒家的德政与王道思想。孟子认为，对于一个国家的治理者而言，能将自己的爱人之心惠及万民，则"天下可运于掌"，那么天下就能治理得太平和乐了。孟子还引用了《诗经·大雅·思齐》中的诗句来进一步阐明这个观点："刑于寡妻，至于兄弟，以御于家邦。"诗的原意是周文王以礼法对待他的妻子，同样以礼法对待宗族兄弟，以礼法对待政治、治理国家。通俗地说，修身、齐家、治国的根本都是"举斯心加诸彼"，将心比心，以自己之心推及旁人而已。"推恩足以保四海，不推恩无以保妻子。古之人所以大过人者，无他焉，善推其所为而已矣。"如果能够将爱人之心推及所有人，则能保有四海安宁。古代那些有为之君，其实并没有什么超人的能力，但他们都善于将自己的好恶之心推及他人。所谓仁者，爱人也。

或许正因为"神所钟爱的""无痛、无忧"的阿育王终究领会到了仁政与和平的真谛，他的后半生才怀着一种强烈的使命感，致力于寻求正义，他在位的时代"以富于人道和美好事物著称于世"，那是孔雀王朝的光荣年代与和平年代。

诗 "赤橙黄绿青蓝紫，谁持彩练当空舞"

共晶高熵合金纳米层片状结构

（图片来源：韩六六）

就在今天印度首都新德里南郊的库都布高塔墙内，耸立着一根高约7.25米、直径约0.5米，重6.5吨的德里铁柱。这根铁柱上铭刻的是赞颂孔雀王朝创始人旃陀罗笈多功绩的文字，但它同样见证了阿育王缔造的孔雀王朝的辉煌，因此这根德里铁柱也被称为"阿育王铁柱"。

一代枭雄已经隐没在历史风云之中，但总有一些东西会不朽，例如千年不朽的阿育王铁柱。但更为不朽的是垂范后世的精神——追求正义，向往和平。第一次世界大战期间，圣雄甘地高扬了阿育王倡导的仁爱主张，在此基础上形成了非暴力不合作思想。"他像一股强劲清新的空气，让我们全身舒展，深深呼吸；像一束刺穿黑暗的强光清除了蒙住我们眼睛的阴翳；像一阵旋风掀翻坛坛罐罐却留下全人类思想成果的精华……他的教导的精髓是无畏和真理，加上相关的行动，以及始终把群众福利放在心头。"[1]（《尼赫鲁论甘地》）在甘地这里，精神运动代替了武装暴动，他成了印度人民的精神领袖，他带领着印度摆脱殖民走向独立，他的非暴力不合作思想甚至于影响了全世界的民族主义者和争取能以和平变革的国际运动。

相隔两千多年的两代英雄——阿育王和圣雄甘地，成为了印度精神的象征，和德里铁柱一样，以其不朽的姿态见证着人类永恒的和平追求。[2]

二、大马士革刀与骑士梦的幻灭

1279年（宋帝赵昺祥兴二年，元世祖忽必烈至元十六年），元军败宋于崖山，南宋王朝灭亡。时光倒推45年，即1234年（宋理宗端平元年），南宋王朝的宿敌金王朝为元太宗（窝阔台）所灭。

公元12—13世纪，对亚欧大陆而言，注定是风起云涌的战争季。

---

[1]　Nehru J. An Autobiography[M]. London：Chatto and Windus，1942：107.

[2]　罗兹·墨菲. 亚洲史[M]. 黄磷，译. 北京：商务印书馆，2005.

南宋嘉定十二年（金兴定三年，公元1219），铁木真（成吉思汗）开始发动第一次西征，蒙古军西征足迹最远到达克里米亚半岛。铁木真病逝后，其子窝阔台即汗位，除了继续发动灭金伐宋的战争之外，仍然继承其父的遗志，继续发动西征。1241年，蒙古军分兵二路，一路入孛烈儿（波兰），一路入马札儿（今匈牙利）。昔烈西亚侯亨利集结孛烈儿军、日耳曼十字军与条顿骑士团3万人准备迎击蒙古军。蒙古军避其锋芒，从侧面发动袭击，杀死亨利，继续南下。这一次的蒙古军西征直达今匈牙利首都布达佩斯。

强悍的蒙古军铁蹄在亚欧大陆上纵横驰骋的同时，十字军也数次发动了东征。11世纪末期的西欧，陷入饥馑、瘟疫、战乱的动荡局面，而地中海东岸拜占庭帝国也趋于衰落，并且不断受到突厥人的侵扰。拜占庭皇帝阿历克塞一世在帝国摇摇欲坠的危机前，不得不向罗马教皇求援。1095年，教皇乌尔班二世从意大利来到法国，在法国南部的克莱芒召开了一次盛大的宗教集会，向全欧洲发出极富煽动性的号召，要求全体基督徒联合起来共同反对异教徒——穆斯林。他把耶路撒冷描绘成流淌着奶和蜜的天堂。当时有一位名叫彼得的隐士，赤着脚，衣衫褴褛，背着一个沉重的十字架，在欧洲各个城市漫游，宣扬位于耶路撒冷的基督的圣墓正遭到穆斯林的破坏，去往耶路撒冷朝拜的基督徒受到虐待与残害。虔诚的基督徒情绪异常亢奋，恨不得立即杀向耶路撒冷，夺回他们心目中不容亵渎的圣地。而西方的君主与贵族们，则看到了东方世界令人垂涎的财富，于是长达两个世纪的以夺回土耳其穆斯林占领的基督教圣地耶路撒冷为号召，其实质却是掠夺资源与财富的东征正式开始。因为参加东征的士兵都以红十字章着于肩上，因而称为"十字军"。

第一次由封建主和骑士组成的十字军东征始于1096年。1144年，基督徒在耶路撒冷北面建立的一个小公国埃德萨被穆斯林的首领摩苏尔总督占领，耶路撒冷国王向罗马教皇紧急求援，于是第二次十字军东征于1147年发动，这次的十字军由法王路易七世和德皇康拉德三世统率。然而，事与愿违，十字军长途奔袭，遭遇到以逸待劳的穆斯林军队的顽强抵抗，一路溃败，进退两难。

1148年，康拉德三世率领德军残部、路易七世率领法军残部与耶路撒冷王国的军队艰难会师，康拉德三世、路易七世与耶路撒冷女王梅利桑德商议认为：伊斯兰占领的大马士革是对耶路撒冷的巨大威胁，他们决定三军合力围攻大马士革。当时固守大马士革的总督是布里迪王朝的实际统治者穆因纽丁·乌讷尔，他诡计多端，一方面加强防御，一方面派人分头联络、贿赂三支军队的首领各怀私心的三军联盟很快被瓦解。第二年，乌讷尔发动对十字军的反击，路易七世和康拉德三世被迫先后撤兵回国，第二次十字军东征宣告失败。

1171年，伊斯兰世界出现了一位伟大的领袖人物——刚刚30出头的青年英雄萨拉丁，这一年，萨拉丁成为埃及苏丹。萨拉丁洞悉了所谓的十字军东征其实是基督教世界向伊斯兰世界的宣战，于是他号召整个伊斯兰世界起来共同投入"圣战"之中。在他的呼吁下，四分五裂的穆斯林纷纷团结到他周围，形成了强大的伊斯兰帝国，他们确定了从东西北三面包围十字军的战略部署，并且在1187年10月2日再度入主耶路撒冷。消息传到西方世界，教皇乌尔班三世惊怒暴毙，其继任者立即号召发动了第三次十字军东征。

1191年，被称为"中世纪骑士之花"的狮心王理查作为英国十字军统帅与埃及苏丹萨拉丁展开激战。萨拉丁为了向理查示威，掏出一袭纱巾抛向空中，拔出随身的宝剑向纱巾一剑挥去，漂浮在空中的轻飘飘的纱巾瞬间被割成两半。从那一天开始欧洲就流传着一个传说：东方有一种神秘的金属材料，用它锻造出来的刀剑锋利绝伦，欧洲骑士们从此对这种刀剑产生了无尽的联想与渴求。这把神秘的刀剑拥有一个响亮的名字——大马士革刀。

据说，在1260年埃及军队与蒙古军队之间发生的艾因·贾鲁战役中，大马士革刀也曾惊艳亮相：在大马士革刀的神威之下，不擅近距离格斗的蒙古士兵在力战之后全军覆没。

　　1270年，第八次也是最后一次十字军东征由法国国王路易九世亲自统率，出征的目标是突尼斯，但军队在登陆不久后即遇到了瘟疫，包括路易九世在内的大批战士不治而亡，最后一次十字军东征宣告失败。1291年，十字军在地中海东岸的最后一个据点阿克被埃及军队攻破，宣告了十字军东征完败的大结局。

　　十字军东征不仅成就了大马士革刀的赫赫威名，还宣告了欧洲一个重要阶层——骑士阶层的崛起。西欧最早的骑士主要是通过替大封建主打仗，从而获得土地和其他财富的小封建主，骑士土地可以世袭，后形成了固定的骑士阶层。11世纪90年代开始的十字军东征提高了骑士的社会地位；十字军东征如火如荼的12、13世纪也正是欧洲骑士文学最为繁荣的时期，抒发爱情至上的骑士抒情诗和宣扬冒险游侠精神的骑士传奇，都反映了这个时代的文化特点，对文艺复兴运动也产生了深远的影响。

无论是蒙古军西征，还是十字军东征，所谓"一将功成万骨枯"，有人在战争中获得了财富、荣誉和地位，但更多的人在战争中家破人亡，创伤累累。

其实，这个世界需要的不是刀光剑影无休无止的战争，需要的是阳光沐浴下的正义与和平。我们真诚地希望，用战争来攫取财富、地位与爱情的骑士梦永远停留在那个漫长而又昏暗的中世纪，就像塞万提斯塑造的堂吉诃德那样，他以极为荒诞讽刺的形式宣告了骑士传奇的终结，也彰显了反对压迫、维护正义的人文主义理想的觉醒与萌芽，历史终将走进曙光渐起的新时代。

三、知识小贴士：德里柱与大马士革刀

印度德里柱是目前发现采用块炼铁技术制造的最大铁器。公元5世纪，德里的伊斯兰王朝为了纪念旃陀罗笈多王，从印度东部的比哈尔邦将德里柱搬移过来，后来也用来纪念阿育王。德里柱通体刻有铭文，表达了对旃陀罗笈多王的赞颂。旃陀罗笈多，青年时期起事建立军队，击退了马其顿国王亚历山大大帝的入侵。公元前324年左右，旃陀罗笈多自立为王，攻陷难陀王朝都城华氏城，创立了孔雀王朝。晚年的旃陀罗笈多依然宝刀未老，再次打败了希腊入侵者。阿育王是旃陀罗笈多之孙，也是孔雀王朝皇帝（公元前303—前232），被视为印度最伟大的皇帝。阿育王前半生通过武力征服了几乎所有的印度次大陆，后半生遵从于佛教的精神，即通过和平的方式实现国家的统一。

德里柱是先通过块炼铁技术制备出纯度超过99%的熟铁，然后再

分段锻焊而成的。德里柱的最大奇迹是千年不腐朽。坎普尔大学的材料工程师通过研究其锈斑，揭示了铁柱千年不朽的奥秘。他们发现，铁柱表面锈斑中磷含量很高。在铁柱开始生锈时，磷元素与铁和空气接触，发生了化学反应，形成磷酸氢盐的水合物，而这种保护膜可以防止锈迹的进一步形成。此外，当地较为干燥的气候也使铁柱免受重度腐蚀。这种技术即为现代钢铁磷化处理，通过化学与电化学反应形成磷酸盐化学转化膜，保护钢铁表面不再被环境腐蚀。

大马士革钢的记录可追溯到公元540年，但其可能早在公元前300年就被亚历山大大帝使用。公元11—13世纪，即十字军东征时期，在罗马天主教教皇的准许下，由西欧的封建领主和骑士对地中海东岸国家发动了一系列宗教战争。在大马士革，强悍的阿拉伯铁骑与东侵的十字军多次激战在沙漠里，那寒光闪闪的宝刀曾使侵略者闻风丧胆。由于阿拉伯军团的刀比十字军的更锋利，并在大马士革一战成名，因而被称为大马士革刀。

大马士革刀的明显特征是刀的表面有着纷繁的水纹状图案，不同的图案被赋予了不同的象征意义。例如，有一种刀面水纹状图案呈玫瑰状，其间有贯穿表面的条纹，称为穆罕默德梯，传说被这把刀杀死的人能够通过这些梯子升天。该刀具有出色的强韧性，刀锋锐利无比而刀身不会发生断裂。

实际上，大马士革刀的原料来自印度的"乌兹钢"，也有说是中亚的"布拉特坩埚钢"。这些钢料主要由直接还原、熔炼铁技术制备而成。据记载，公元前6世纪左右，海得拉巴的冶炼工人发明了一种冶炼方法，将黑锰矿石、铁矿石、竹炭及植物叶子密封在一个陶炉里加热，当这些东西熔化后，形成一团金属块；然后将此金属块反复熔化、冷却炼成钢坯。将这种钢原料经过反复锻打，使钢铁中的微观组织多次破碎、溶解、再析出，形成特定的分布形态，并呈现出不同的花纹。这些花纹也有可能是锻打过程中反复折叠、焊接而形成的纹路。由于具有特殊的组织结构，大马士革刀不但非常锋利，而且韧性非常好。可能由于印度的乌兹铁矿在17世纪末被开采殆尽，大马士革钢刀的制作就此失传。

20世纪80年代末期，美国和瑞典的研究人员将两种高铬金属粉末分别分层累加，通过热等静压制备坯体，再通过高温锻打和热处理，也制备了具有花纹模式的类大马士革钢。

第三章

零落成泥碾作尘

——粉末登场

JINFEN
CHUANQI

FENMO YEJIN YU
RENLEI WENMING

○

第一节

云想衣裳花想容——化学制粉

一、炼丹术与古人的健康追求

"行者道：'我如今一筋斗云，撞入南天门里，不进斗牛宫，不入灵霄殿，径到那三十三天之上离恨天宫兜率院内，见太上老君，把他九转还魂丹求得一粒来，管取救活他也。'三藏闻言大喜道：'就去快来。'……好大圣，此时有半夜时分，别了他师徒三众，纵筋斗云，只入南天门里，果然也不谒灵霄宝殿，不上那斗牛天宫，一路云光，径来到三十三天离恨天兜率宫中。才入门，只见那太上老君正坐在那丹房中，与众仙童执芭蕉扇扇火炼丹哩。"（吴承恩《西游记》）

在《西游记》所塑造的庞大神妖体系中，太上老君是道教中的神仙，被尊为三清之一。他住在离恨天的兜率宫，宫殿内有一座八卦炉，专门炼制各类灵丹妙药。不过太上老君的"武力值"并不像他的地位一样高，吴承恩在《西游记》里把他写成了备受孙悟空欺负逗弄的"受气包"。孙悟空当年大闹天宫，盗取蟠桃、偷吃仙丹，太上老君辛辛苦苦炼制出的仙丹灵药悉数进了孙悟空的肚子。太上老君气得将他关入八卦炉之中七七四十九天，可惜还是徒劳无功，反而让孙悟空炼就了一双火眼金睛。悟空破炉而出后更加嚣张得意，一脚踹翻了

101

八卦炉，炉砖坠入凡间化为了火焰山。

五百年后，唐僧路遇被镇压在五指山下的孙悟空，把他救了出来，带他西行取经。师徒一行人在途经乌鸡国时，唐僧在一座皇家寺院梦到已故的国王向他哭诉冤情，国王直言自己被拜把子的兄弟推入井中害死，他的兄弟却摇身一变，伪装成国王的模样在乌鸡国作威作福。唐僧惊醒后特意询问悟空有无办法复活国王。孙悟空查明真相，驾着筋斗云疾行到三十三天离恨天，向太上老君求取九转还魂丹。有意思的是，孙悟空在如来佛与观世音菩萨面前还算比较收敛，不敢太过放肆，至多揶揄戏谑几句，说一些俏皮讨打的机灵话儿。可是在太上老君面前他却肆无忌惮，时常将老君嘲笑耍弄一番，这次也不例外。孙悟空这边和师父唐僧的说辞是乖巧地"求得一粒来"，那边却对着太上老君威胁撒泼、口出狂言——"老官儿，既然晓得老孙的手段，快把金丹拿出来，与我四六分分，还是你的造化哩，不然，就送你个皮笊篱——捞个罄尽。"这威胁的语气哪里是"求取""借"呀？分明是从太上老君那里抢夺过来的，末了还要嘲笑太上老君斤斤计较、小家子气，丹药也只给区区一粒。

尽管《西游记》里的太上老君被塑造成了这样一个不苟言笑、刻板保守、屡遭"欺负"的神仙，但其实在道教神话体系中他的地位极为崇高。太上老君的原型是虚静无为的老子。老子是先秦时期道家学派的始祖，著有《道德经》，后来被道教尊为经典。《史记·老子列传》载："老子者，楚苦县厉乡曲仁里人也，姓李，名耳，字聃，周守藏室之史也。"老子曾任周朝掌管史书典籍的官员，至少在司马迁著书立说的西汉时期，老子的形象还未被神化。

到了东晋葛洪编著的道教典籍《抱朴子》一书中，老子的形象却发生了这样的变化："老君真形者，思之，姓李名聃，字伯阳，身长九尺，黄色，鸟喙，隆鼻，秀眉长五寸，耳长七寸，额有三理上下彻，足有八卦，以神龟为床，金楼玉堂，白银为阶，五色云为衣，重叠之冠，锋铤之剑，从黄童百二十人，左有十二青龙，右有二十六白虎，前有二十四朱雀，后有七十二玄武，前道十二穷奇，后从三十六辟邪，雷电在上，晃晃昱昱。"老子不仅成为了道教祖师太上老君，就连外貌形象也被神化了。《抱朴子》还对老子的"排场"尽情渲染，说他出行之时有百二十人侍奉，还有朱雀玄武等神兽相随左右，天落惊雷以示神明降临。

　　宋代贾善翔为老子写了《犹龙传》，"犹龙"是孔子对老子的评价。相传孔子曾经向老子问礼，听了老子的见解，孔子对弟子感慨道："鸟类会飞翔、鱼类会游动、野兽会奔跑。会奔跑的可以用网来

诗 "大珠小珠落玉盘"

Al-Ni-Y非晶粉末形貌

（图片来源：黄劲松）

限制，会游动的可以用丝线来垂钓，会飞翔的可以制作箭矢射落。然而龙，我却不知如何捕捉它，它借风云之势直上青天。我今日见到的老子，大概就是传说中的龙了吧。""犹龙"原本是孔子对老子卓尔不群的学识与思想的称赞，在贾善翔这里却成了老子有着八十一种化身的依据。于是，老子不仅相貌异于常人，又有神兽相随，再到诸多化身，老子彻底摆脱了凡人身和红尘世的局限，已然被渲染成为了来去自如、幻化多端的神。

那么，老子究竟是如何从凡人变成神仙的呢？或者说，道教徒是如何为老子变身的呢？其"秘钥"就是道家的仙丹。

炼丹是道教修行飞升、得道成仙的重要环节与法术。《抱朴子·内篇》就极力渲染了修炼成仙的奇途秘径——以服饵金丹为主，兼行其他道术为辅，即可长生不死羽化成仙。书中还备述金丹、黄白、辟谷、服气、导引等方术，其《金丹》《黄白》诸篇详细记录了古代炼丹药方及操作方法。

道教的炼丹术分为内丹与外丹：内丹是指气功、导引术，通过练习气功达到修心养神的目的；外丹指的是烧炼丹药服食，以实现延年益寿、长生不老的追求。《西游记》中太上老君用八卦炉炼制的"九转还魂丹"就是外丹。

中国历史上最早关于炼丹的专著是东汉魏伯阳所著《周易参同契》。魏伯阳把丹药功效与长生不老联系到一起："巨胜尚延年，还丹可入口。金性不败朽，故为万物宝。术士服食之，寿命得长久。……金砂入五内，雾散若风雨。薰蒸达四肢，颜色悦泽好。发白皆变黑，齿落生旧所。老翁复丁壮，耆妪成姹女。"如果说魏伯阳的《周易参同契》揭开了炼丹历史的序幕，那么葛洪的《抱朴子》则是承前启后的集大成者。葛洪认为炼制出的"金丹"可以令普通人免去生老病死之苦，甚至飞升成仙，因而使老子变身太上老君了。

唐代，笃信道教的唐玄宗追封老子为"太上玄元皇帝"。在统治者的大力推动下，人们对道教与外丹术的推崇在这个浪漫而繁荣的时代达到了登峰造极的地步，随之而来的却是大量因食用丹药而引发中毒甚至导致死亡的事故。人们开始对道教炼丹术质疑，甚至连炼丹者都对此产生了怀疑，如阴真人在《玄解录》中有言："点化药法多用诸矾石、消硇之类，共结成毒。金砂入五内有不死之兆，甚错矣！世人岂不知从前服者未有不死之人。"皇室贵族为恣情纵欲、延年益寿而服金石，却也因炼丹术而身死魂灭。随着炼丹术长生梦的幻灭，人们越来越认识到生命价值在于"精神永存"，而不是如行尸走肉，追求躯体不灭乃至走火入魔。唐代之后，炼丹术逐渐式微，世人不再盲目烧炼、服食丹药，但通过炼丹术而发展起来的制药化学却一直得到了沿袭，其影响直至今日。

　　道教的金丹虽然没有实现长生不老的神话，却在千年以后成就了另一番奇迹。炼丹术起源于人类对生命永恒的美好愿望，客观上也促进了中医药的发展。例如南宋著名诗人陆游就出生于道教世家，他还拥有一个不为世人所熟知的身份——"赤脚医生"。陆游精通中医，也是秉承了家学渊源。他的高祖陆轸归隐后便开始学仙修道，很重视道教的养生术。此后的陆氏几代人都深受其影响，陆游也不例外。陆游不但自己钻研养生术、善于调节心身，得享高寿，他还将钻研的成果用来造福乡亲。在老家闲居的时候，他经常骑着一头毛驴背着一袋中草药去村子里逛。乡亲们一看到他，都高兴地出来夹道欢迎。这个说："先生，我家娃儿的病还是您治好的呢，您看他都长这么高了！您真是他的再生父母啊！"那个说："先生，您瞧我现在多壮实！多亏了您的救命之恩啊！"这边一个人挤进人群中说："先生，您看这个是什么草药啊？它有什么功效啊？"那边又有一个拉着陆游不由分说就往家里走："先生，我家刚酿了好酒，走，喝一樽去！"乡亲们七嘴八舌地感谢着陆游，争先恐后地请他到家里去做客。那些被陆游救过命的乡亲，为了表达对他的感恩之情，甚至有人给生下来的孩子起名为"陆"……这些令人感动的情景，就记录在陆游八十一岁时写的一组诗《山村经行

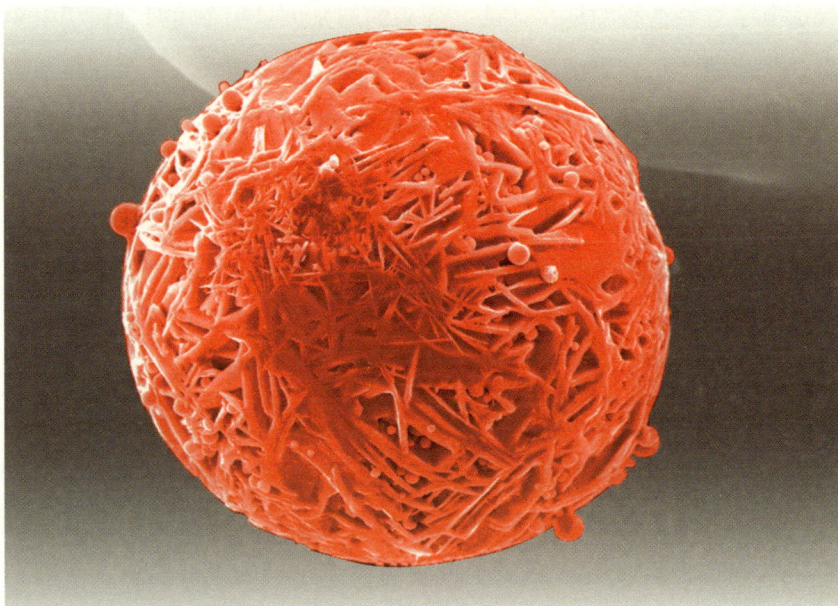

"玲珑望秋月"

气雾化Al基合金粉末

（图片来源：刘咏）

因施药》中。像陆游这样精通中医的古代文人并不在少数，而古人医治疾病的药丸药方，有许多都脱胎于道教的炼丹术法，道教的炼丹术对于中国医药学的发展，实是有着不可磨灭的贡献与影响。

二、粉末工艺与古代女性的美颜理想

在《红楼梦》第四十四回"变生不测凤姐泼醋　喜出望外平儿理妆"中，贾母率王夫人、邢夫人、宝玉及一众姐妹等齐聚一堂，为王熙凤庆祝生日。众人轮番给凤姐儿敬酒，姐妹们更是你来我往，同凤姐儿插科打诨，不多时，凤姐儿便有些不胜酒力了，便扶着平儿出去，打算回房去洗把脸、醒醒酒。不曾想才走到廊下，只见一个自家房中的小丫鬟在檐下站着，探头探脑，一瞧见凤姐与平儿，就像兔子见了鹰似的，非但不见礼，反而立刻扭头，慌慌张张地跑了。凤姐立刻起了疑心，把小丫头喊了回来严加审问，这才得知是丈夫贾琏偷偷约了鲍二的老婆私会，担心被凤姐发现，所以才派遣丫鬟前来望风。

凤姐一听，只觉得怒气上涌、急火攻心，又在窗下偷听到贾琏与鲍二的老婆咒骂自己为"阎王老婆""夜叉星"，还对平儿赞不绝口，甚至说出宁可让王熙凤死了将平儿扶正的话来。气急的凤姐直接扬手打了平儿几巴掌，又冲进去与贾琏和鲍二家的厮打成一团。恼羞成怒的贾琏借着酒劲儿撒泼，也顺手拿平儿出气。平儿被无辜牵连，委屈得直哭。凤姐奔到贾母跟前儿告状，众人纷纷劝解安慰；而那边，李纨把平儿带去了大观园，宝钗等也在一旁耐心开导劝慰平儿，加上琥珀带了贾母的话前来安抚平儿，平儿这才慢慢平复了心中的憋闷。宝玉怜惜平儿的冤屈，便邀平儿去他的怡红院歇息，他看到平儿脸上的妆都哭花了，面色苍白，提议道："姐姐还该擦上些脂粉，不然倒象是和凤姐姐赌气了似的。"平儿听了这番话觉得有理，宝玉赶忙走到自己的妆台前，"将一个宣窑瓷盒揭开，里面盛着一排十根玉簪花棒，拈了一根递与平儿。又笑向他道：'这不是铅粉，这是紫茉莉花种，研碎了兑上青料制的。'"每当需要取来匀面时，便拿出其中一支花棒，将其中的香粉倾倒出来，饰于脸颊。

《红楼梦》中的这个细节，从另一个侧面反映出贵族家庭所用脂粉的稀有与精致。宝玉给平儿用的紫茉莉花粉，就是从植物中提取而来的香粉，其制作工序烦琐且原料难得，且不会对皮肤造成伤害。平儿按宝玉所说，将香粉均匀地涂抹在面颊上，果然容色鲜妍、肤质细腻、甜香满室，平儿不禁惊叹不止。

《红楼梦》中宝玉赠予平儿的香粉制备技艺大致如下：把广东特产的紫茉莉的花籽研磨成粉末状，得到其中的白粉。之后再研磨碎珍珠、金箔、银箔、麝香、龙脑香等辅料至粉末状，辅以朱砂，将这些名贵的原料按比例与白粉混合，兑到一起。再将调配好的香粉灌入新鲜的玉簪花花苞中，装在特制的宣窑瓷盒内，避免其香气四散溢出。

这样的化妆品怪不得会有宝玉所言"润泽肌肤，不似别的粉青重涩滞"的养颜功效，平儿用起来也是"轻白红香，四样俱美"。但正是由于其难以提炼、工艺烦琐，因此也只有在怡红院才能见到这种珍稀的香粉。普通百姓所用的脂粉，大多还是铅含量较高的。由于以铅粉敷面只是暂时性美白，久用甚至会对皮肤、身体健康造成损害，人们才发明了用紫茉莉的花籽来改进白粉，不仅能够达到敷面的效果，且没有副作用。

其实，古代女子用粉来修饰面部的传统由来已久。早期，人们发现用米粉涂抹面部具有增白的效果，于是开始使用米粉来妆饰面部、身体。纯米为粉，自然无害。唐诗宋词中就有颇多作品呈现出女子的这类妆容之美。例如晚唐艳情诗人的代表、花间词人鼻祖温庭筠所作《菩萨蛮·小山重叠金明灭》：

> 小山重叠金明灭，鬓云欲度香腮雪。懒起画蛾眉，弄妆梳洗迟。

> 照花前后镜，花面交相映。新帖绣罗襦，双双金鹧鸪。

词中呈现的场景极为精美而明丽：晨光熹微，温暖的阳光被窗棂切割成细细碎碎的光斑，落在女子的闺阁之中。屏风上的远山云影重叠掩映，光线洒在屏风上，细腻的金粉闪烁明灭。闺房之中暖意融融，床榻上睡着的女子蛾眉轻蹙，似被什么心事困扰。她的乌发轻轻扫过如雪般的脸颊，双颊上昨夜的脂粉还留有缕缕幽香……

温庭筠的作品以富有装饰性、追求精致的艺术效果闻名。这些特点又尤为鲜明地表现在对女子妆容、服饰的色彩刻画上。特别值得注意的是"鬓云欲度香腮雪"一句，腮上的香雪就是女子睡前在脸颊上涂抹的淡淡一层脂粉。古代女子每晚就寝之前，会在脸颊、身体上涂抹香粉。夜晚"留薄妆"的做法，一直延续到晚清。此后，有赖于科学技术的发展，人们发现了胡粉比米粉更加细腻均匀，且更容易附着在皮肤上，故而开始使用胡粉饰面。

胡粉，又称铅粉、铅华、定粉、瓦粉、光粉、官粉等。明代时，

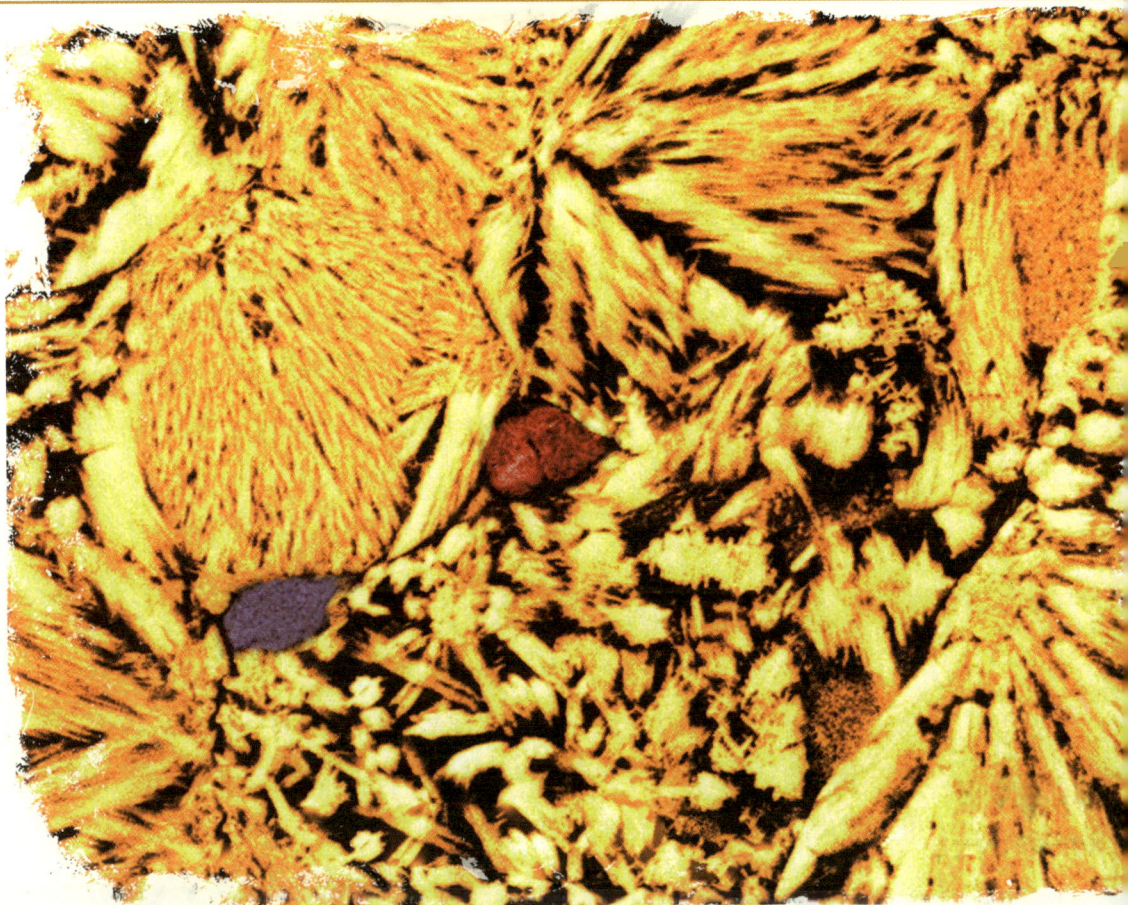

诗 "万紫千红总是春"

Al基非晶中的析晶微观组织

（图片来源：刘祖铭）

人们已经知道长期使用铅粉饰面会造成铅中毒，"能使本色转青"，即使面部发青、皮肤变得粗糙暗黄。所以，后来人们在制作脂粉时，都严格控制并降低铅粉含量，减轻它带来的毒副作用。

美丽和长寿，自古以来便是人类对幸福生活追求的重要目标，然而，愿望的实现需要科学务实的精神，而不是沉迷于奇技淫巧，适得其反。所谓"法于自然"，才是正道。

三、知识小贴士：炼丹术与氧化铅粉末

中国古代道家的炼外丹，是将草木、矿物和药物一起放入炉中高温熔化结晶，得"仙丹"之药。《抱朴子·内篇》中记载了许多前人存留下来的金石炼制方法、调配比例、物质化学反应、原料的化学性质等。例如，"丹砂烧之成水银，积变又还成丹砂"，丹砂即硫化汞。这实际上揭示了丹砂加热变为金属汞，汞与硫反应重新变为丹砂的化学反应，往复不止，因而被道士视为"长生之道"。

丹砂是一味中药，具有清热解毒、安神镇惊、止痉的功效。丹砂还是上好的红色颜料。皇帝用以批阅奏章、书写圣旨的朱笔，所用红色墨汁主要成分就是丹砂。

汞是常温下可以流动的液体金属，这对于炼金家来说具有神奇的吸引力。有意思的是，几乎所有的金属都可与汞形成合金"汞齐"。《天工开物》记载："水银能消化金银成泥，似镀物也。"于是，汞齐被用在铁器上镀金和镀银。

炼丹术还拓展了其他金属及矿物的发现和加工方法，包括金、银、铜、铅等，产生了所谓"炼金术"。例如，锌黄铜的冶炼在中国冶金史和化学史上，是一项十分重要的成就。锌黄铜是一种貌似黄金的铜锌合金，以至于明嘉靖前使用锡铅青铜铸造的钱币，变成清一色的锌黄铜钱币。据不完全统计，我国古代炼丹文献涉及六十多种无机物和有机物。因此，英国李约瑟博士在《中国科学技术史》中称：中国炼丹术乃是世界"整个化学最重要的根源之一"。

炼丹术还发展出了金属和化合物粉末制备技艺，铅粉的制备技术就是其中的代表。古人所说的铅粉，又称胡粉、粉锡、铅华，其实它并不是金属铅的粉末，而是碱式碳酸铅，化学式为 $(PbCO_3)_2 \cdot Pb(OH)_2$。这是一种白色粉末，不溶于水和酒精，触之有细而滑腻感，质重，黏附性好，涂脸不易掉落，是古代化妆品中的"美白粉底"。

铅粉除了可以用来制备化妆品外，还是中国水墨画中丹青颜料的重要原料。此处，铅粉的主要原始化学成分是硫化铅，由于其易与空气中的二氧化碳产生化合反应，年代久远的字画时常因储存环境潮湿，而发生"返铅"现象变为黑色。在修复泛黑陈旧的字画之时，修复者也常常使用"返铅法"使画卷的黑色变白。古人在制备铅粉的过程中，还生产出了黄丹粉，其化学成分是氧化铅，亦是制作肥皂的重要原料之一。

《天工开物》中详细记载了铅粉的制造方法："凡造胡粉，每铅百斤，熔化，削成薄片，卷作筒，安木甑内。……期足启开，铅片皆生霜粉，……每扫下霜一斤，入豆粉二两、蛤粉四两，缸内搅匀，澄去清水，用细灰按成沟，纸隔数层，置粉于上。将干，截成瓦定形。……搽妇人颊，能使本色转青。胡粉投入炭炉中，仍还熔化为铅。"制作铅粉的工艺流程是先将铅熔化，待铅软化后将其用刀刮成薄片并卷作筒状，把铅筒安置到木甑中并以醋熏蒸，铅筒与醋蒸汽发生反应生成醋酸铅。七日之期满后打开木甑，铅片上即生出霜粉，这时醋酸铅与空气中的二氧化碳和水汽反应而转化为碱式碳酸铅。将附着于铅筒之上的霜粉扫落，按照比例与豆粉、蛤粉混合搅拌均匀，再一起浸入清水之中，待铅末沉底后，将清水沥干。最后通过自然风干的方式，得到铅粉的成品。

在经过七日之期，刮下铅筒上生出的霜粉之后，没有生霜的铅片要"入甑依旧再养七日，再扫，以质尽为度，其不尽者留作黄丹料"。留下来的黄丹原料，要经过"炒铅丹"的工序才能炼制成黄丹粉："凡炒铅丹，用铅一斤，土硫磺十两，硝石一两。熔铅成汁，下醋点之。滚沸时下硫一块。少顷入硝少许，沸定再点醋，依前渐下硝、黄。待为末，则成丹矣。"经过第一道工序提炼而出的上品铅粉质地细腻、色泽洁白、粉质均匀；而成渣且不洁白的碳酸铅，则需另外加入土硫磺、硝石、醋等炼制成黄丹，这是中品；炒完黄丹后再遗留下的残渣则是下品，被称为"白霜""霜粉"。

○

第二节

东风夜放花千树——燃料用粉末

一、火药的诞生与军事实力的突破

"听说了吗？咱们大金的百姓只因为进入了宋朝的地盘，就被他们的地方官不分青红皂白地给扣留了！"

"啊？竟还有这等事发生？宋朝欺人太甚了！"

"没错，我们大金没有灭掉宋朝，还与他们和议，已经是以礼相待、仁至义尽了。他们不仅不感恩戴德、俯首称臣，居然还敢扣押我大金的儿郎！"

"弟兄们，咱们本就在边境，不如一块去向宋朝讨个说法！"

"好！""你说得对，他们太欺负人了！""哪有这样表面和平，私下扣人的无耻行径！""走！我们这就去！"

这段关于宋金往来的争论，并不是寻常市井的"八卦"，而是野心勃勃的金国新帝完颜亮处心积虑策划污蔑南宋的一场舆情，寻机挑衅，为发动战争而编造借口。借着"宋朝无故扣押金朝子民"的由头，公元1161年，完颜亮正式出军南下伐宋。完颜亮命苏保衡、完颜郑家奴统率一支拥有600艘战船、多达7万军士的舰队直入杭州湾，剑指南宋都城临安，意图一举颠覆南宋。

当统帅完颜郑家奴意气风发、信心满满地集结军队战舰时，遥望着杭州的万家灯火，南宋江山的倾覆似乎已成定局。然而，他没有料到的是，就在400里之外，一支仅有120艘战舰、水兵3000人的宋军正在义无反顾地长途奔袭，逐渐靠近战力远远超过自身的金朝水军。统率这支宋军的将领李宝，曾是名震天下的抗金名将岳飞的下属，在岳飞以"莫须有"的罪名被诬陷杀害后，岳家军也被朝廷迅速拆解，李宝继续受命于南宋，领兵与金军作战，声誉鹊起。

尽管李宝率领的宋军与金国水军兵力悬殊，但是出身于岳家军的他，一腔孤勇，立志要重现海上的不败神话。在仔细研究了两军对垒的局势之后，李宝决定从背后偷袭金国军队，这120艘战船上装备有大量的重型投石机与霹雳炮（一种装有火药和石灰的纸管炮，杀伤力极强，是南宋水师配备的新型火器）。

金国军队发现藏匿于背后的宋军，众人皆惊，但是主帅完颜郑家奴却不以为意，他认为弱小的宋军在强大的金国水军面前，是构不成任何威胁的。李宝抓住了金军轻敌的时机，命士兵架起投石机，朝着金国战船所在的方向发射霹雳炮。很快，金军占领的海域烧成了一片火海，金朝士兵的惨叫声不绝于耳，再也无力抵抗，宋军大获全胜。

这一战役史称"唐岛之战"，南宋将领李宝以120艘战舰、3000水兵的劣势，取得了歼灭敌军5万人、烧毁敌方战舰600艘、击毙金朝主帅的辉煌战绩。这一战沉重打击了金军。李宝曾作《咏葵丘》诗云："昔日诸侯会此盟，坛高路远望京城。靖康之耻埋壮志，葵丘点兵吹角鸣。"作为岳家军的一位将领，当岳飞蒙冤含恨离世后，他却暂时放下了与朝廷的恩怨，以家国情怀为先，承继了岳飞的英雄气概与忠肝义胆，壮怀激烈、满腔热血，为南宋打赢了这场原本绝无胜算的战争。

唐岛海战是人类海战史上第一次大规模运用火药火器的战役，在中国乃至世界海战史上都具有里程碑的意义。

其实，早在隋代，我国就已诞生了硝石、硫磺和木炭三元体系火

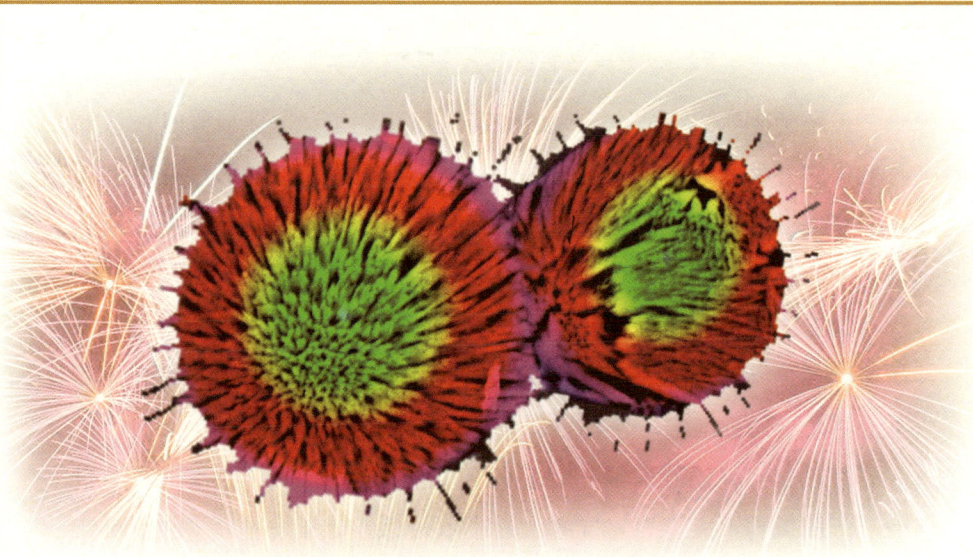

诗 "东风夜放花千树"

Al基非晶中的析晶微观组织

（图片来源：刘祖铭）

药，黑色火药则在唐代（约9世纪末）正式面世。

火药不仅是中国的四大发明之一，代表着古代中国科学技术的更迭与发展；它更见证着一幕幕可歌可泣的家国之战，刻印着中华儿女置生死于度外的赤血丹心。但是，为何极具杀伤力与威慑力的火药，却被冠以"药"之名呢？

因为，它原本确实是药的一种——它源于炼丹家在炼制丹药的过程中，偶然发生的一场惊心动魄而又美丽的意外。

相传，隋朝初年，有一位名叫杜子春的公子哥儿，风度翩翩，广交游，好玩乐，年纪轻轻就把家财挥霍一空，甚至沦落到食不果腹的地步。数九寒冬，杜子春却流落街头，在饥寒交迫中瑟瑟发抖。这时，一位老者出现了："年轻人，这么冷的天你怎么穿得这么单薄在外游荡啊？"杜子春答道："我原是富家子弟，只因不善经营，落得家财散尽。亲友认定我风流浪荡，都不肯接济我。"老者闻言便问他："那么你需要多少钱才够花呢？"杜子春略作思索："也不多，只要我能有三五万钱，应当就足以维持生活了。"老者却摇摇头：
"我看这点儿小钱不够你花销吧，你大胆些说，要多少钱才够你衣食
无忧？"杜子春咬咬牙，说到三百万，老者欣然应允。

有了这笔意外之财，杜子春又过起了五花马、千金裘，烟花柳
巷、纸醉金迷的日子。仅仅一两年的工夫，三百万就被他花得干干净
净。就在他穷困潦倒之际，老者再次出现，这次，他又得到了老者援
助的一千万巨款。可不久后，他又是两手空空，比乞丐还不如。这
时，他依然在老地方遇到了神秘的老者，老人这回给了他三千万，恨
铁不成钢地说道："这次你若是还不知改过自新，那你这辈子就永远
受穷吧！"

杜子春幡然悔悟，不仅自己做出了一番事业，还周济天下孤儿寡
母，以报答老者三次相救的恩情。功成名就的杜子春按照约定去寻老
者，老人带着他登上了华山云台峰。原来，神秘的老人是云台峰上的仙
师。仙师给杜子春服下三粒白石丸和一杯酒，告诫他："你即将见到许
多可怕的景象，但你要牢记，这些全部都是虚假的；你只需做到不发一
言、不动如山，我自然能够保你平安。"杜子春果然见到了千乘万骑、
兵戈相向的战场，猛虎毒龙、蝎子蝮蛇，地狱恶鬼、索命无常，他心智
坚定，始终未讲一个字。这些景象飞快地在他眼前掠过，直到他在幻境
中转世成一名女子，当他见到自己的孩子陷入危险时，终于忍不住失声
尖叫。

伴随着这声尖叫，一切虚妄退散，杜子春再睁眼时已在炼丹炉
旁，身边坐着老道士，道士说道："我之所以给你三笔巨资，无非是想
带你阅尽人世沧桑，对喜悦、愤怒、悲哀、恐惧、恶毒、欲望等人之常
情不动声色。你也做到了，可唯独舍弃不下爱。如果你刚才没有尖叫一
声，那我的丹也炼成了，你也飞升成仙了。可惜啊！可惜啊！"

这个故事出自宋人李昉所编的《太平广记》。杜子春的成仙梦境
被他自己的一声尖叫惊破，而道士的丹药则毁于一场大火，"见其紫
焰穿屋上，大火起四合，屋室俱焚"。

道士炼丹时引发火灾原本是常有的事。因为丹药中的硫、硝、炭三种物质，可以构成一种极易燃烧的药物，这种药物被称为"着火的药"，也就是火药。火药的发现，正是由于炼丹而发生的一场意外。

中国最早见于文字记载并有确切年代的火药配方，出自公元808年唐朝炼丹家清虚子撰写的《太上圣祖金丹秘诀》。其中的"伏火矾法"，"硫二两，硝二两，马兜铃三钱半。……入药于罐内与地平。将熟火一块，弹子大，下放里面。"这是世界上现存关于黑火药配方的最早文字记录。

唐代末期，火药已经开始被投入军事战争中使用。唐昭宗天祐元年（904），杨行密率领军队围攻豫章（今江西南昌），部将郑璠使用"发机飞火"，带领壮士攻入城中。"飞火者，谓火炮、火箭之类也。"（许洞《虎钤经》）这被公认为是火药用于军事的最早记载。但是火药制作技术真正得到发展是在宋代。宋代是中国科技文化发展的一个高峰期，出于军事的需要，北宋朝廷设置了专门的火药研制部门，这一机构名为"火药作"。自宋代开始，热兵器开始大量应用于军事战争，对人类社会的发展产生了巨大的影响，甚至可以说，人类战争史从此翻开了崭新的一页。

二、火药的应用与古人的航天梦想

"一朝天昏风雨恶，炮火雷飞箭星落。"（文天祥《二月六日，海上大战，国事不济，孤臣天祥同，坐北舟中，向南恸哭，为之诗曰》）中国作为最早发明与使用火药的国家，早在公元969年，就已经成功研发出了世界上第一枚原始火箭。不过此"火箭"非彼"火箭"，它是广泛出现于征战四方、决胜千里的沙场上的重要兵器之一。虽然古代典籍中出现的"火箭"与我们现在日常所提及的航天运载火箭并不相同，但是中国人的航天梦早已有之，至迟可追溯至明代。传说明朝初年一位被称为"万户"的青年就是古代中国航天梦的践行者。

　　万户家境优渥，衣食无忧，自幼是在蜜罐儿中长大的。不过，万户虽然满腹经纶、饱读诗书，却无心于科考做官。万户痴迷于改良、研发各种兵器。他参军后成功改造了一系列刀枪剑戟、兵车舟船。当时的明朝廷正与溃逃到北方的蒙古势力发生大规模的军事冲突，他改装发明的各类兵器帮助朝廷的军队屡立奇功。万户也得偿所愿，获得了同样痴迷于研究兵器的将军班背的赏识与青睐，并在班背的举荐下顺利入职兵器局，得以专研武器改良与制造等事项。

　　可是好景不长，为人刚直的将军班背因开罪了右中郎李广太等佞臣而被陷害革职，还被发落到了拒马河上游的深山鬼谷监禁起来。万户得知此事后心急如焚、夙夜忧叹，一心想救出自己的恩人班背，并帮助他昭雪沉冤、官复原职。正当他寝食难安、不知如何是好之时，天赐良机——明太祖朱元璋第四子燕王朱棣野心勃勃，力图谋取帝位。朱棣一方面培养羽翼，暗中招兵买马，扩大自己的势力；另一方面命人搜寻天下各类瑰奇宝贝，来献给朱元璋，意在讨得朱元璋的欢心。李广太为投燕王所好，对擅长木工的万户软硬兼施，想利用他来为皇帝朱元璋制作飞龙。万户假意逢迎，同意了李广太的要求，实际上是想借此机会来营救被囚禁于鬼谷里的班背将军。可惜等他满心欢喜地赶到鬼谷时，见到的却是班将军的骸骨——原来，因奸臣李广太私下给敌军报信，与班将军有着血海深仇的敌军听闻消息，立刻前往鬼谷，刺杀了班背将军。万户在得知班背的死讯后悲愤交加，涕泗横流。

　　不幸中的万幸是，班背将军已提前令侍从携带着自己编写的《火箭书》逃了出去，且顺利将其转交到万户手上，避免了他呕心沥血研究的火箭制造技艺失传。万户亲身经历了官场的黑暗与倾轧，哀伤于知己至交的仙逝。对凡俗生活心灰意冷的他，开始计划造出火箭，逃离尘世，像嫦娥一样奔向皎洁莹然的月亮。况且，研发出火箭是班背将军最大的遗愿，万户决心为恩人实现梦想。他开始隐居避世，潜心钻研班背的毕生心血《火箭书》，研发了各式各样的火箭。在经历了无数次的失败与改良后，终于制作出了令他满意的47支火箭。随即，他又画出了风筝"飞鸟"的图纸，寻找工匠按图样制造了飞鸟。万户坚信，凭借他研制出的火箭，加上风筝飞鸟的助力，终有一日他必定能飞到月亮上去，从此再也不受尘世纷扰的伤害。

在一个月色溶溶、风语温柔的夜晚，万户带着助手们来到一座高山的山顶，他们将"飞鸟"的朝向调整到正对着月亮的方向，并在座椅上固定好47支火箭。万户举起风筝飞鸟，坐到椅子上。当47支火箭被点燃，万户腾空而起，朝着月亮扶摇飞去……

我们无比希望他能真正实现奔月的梦想，结果却是令人惋惜的悲剧：人们在远处的山谷中发现了万户的尸骸和残破的"飞鸟"。

夸 "照星桥火树银花"

Al基非晶中的析晶微观组织

（图片来源：刘祖铭）

这个悲壮而又充满浪漫色彩的故事，被后人称为"万户飞天"。

所有的成功都伴随着失败与牺牲的风险，也正因如此，为科学发展付出代价甚至献出生命的科研者都值得人们衷心敬佩并铭记于心。美国火箭学家赫伯特·S.基姆在1945年出版的著作《火箭和喷气发动机》一书中提到了"万户飞天"的故事："约当14世纪之末，有一位中国的官吏官职为万户，但其姓名没有明文记载，因此后人也把他叫作万户了，他在一把座椅的背后，装上47枚当时能买到的最大火箭。他把自己捆绑在椅子的前边，两只手各拿一个大风筝。然后叫他的仆人同时点燃47枚大火箭，其目的是想借火箭向上推进的力量，加上风筝上升的力量飞向上方。"为了纪念万户的事迹，表达对他的敬意，国际天文学联合会将月球上的一座环形山命名为"万户"（Wan Hoo）。

中国人的航天梦从嫦娥奔月的神话开始，便从未停止——不论是数百年前万户为之付出生命的尝试与探索，还是近代当代科学家呕心沥血、夜以继日的科研实验，都是为了实现与蓝天、宇宙的沟通连接，实现千百年来执着坚定的梦想。从"东方红一号"的成功发射，到"神舟五号"载人飞船的圆满成功，再到"嫦娥一号""天宫一号"的顺利升空，我们一步一个脚印，仰望星空、脚踏实地，永远追逐世代相传的热忱与梦想。

三、知识小贴士：燃料用粉末

中国是最早发明与使用火药的国家。黑火药的配方为：硫磺、木炭、硝酸钾，反应方程式为：$2KNO_3 + 3C + S = K_2S + N_2 + 3CO_2$。

黑火药爆炸是一个剧烈的氧化反应，反应瞬间内产生大量的热，同时，生成的气体急剧膨胀，引发爆炸现象。在黑火药配方中，木炭能量较高，起到释放化学能量和产生二氧化碳气体的作用；硫磺化学性质活泼易燃，闪点低，能快速引燃木炭粉末；而硝石在黑火药里起到在密闭空间中提供足量氧的作用。

黑火药传入西方后，近代化学家陆续发现了一些威力更大的单质炸药。如苦味酸（三硝基苯酚），这是一种黄色结晶体，因此现代炸药也被称为黄色炸药。但是，这类含能物质稳定度低，稍微承受震动或加热就可能爆炸。瑞典著名化学家诺贝尔发明的硝酸甘油炸药是第一个比黑火药更安全可控且爆炸力更强的炸药。它也被称为硅藻土炸药，得名于诺贝尔的最早发现——用惰性的硅藻土（后改用木屑）吸附硝酸甘油。硝酸甘油炸药的配方为：40％硝酸甘油，15％木屑，44％硝石和1％碳酸钙。

近年来，科学家们提出了直接将金属粉末作为燃料，用来驱动发动机的想法，也就是"金属燃料"的概念。研究表明，铝粉燃料和镁粉燃料的能量密度远远高于煤炭、石油、天然气及其他石化燃料，并且在燃烧过程中不释放硫氧化物、氮氧化物及其他有害气体，既具有高燃烧能量，又具有低碳环保优势。金属粉末燃料可弥补传统能源的不足，应用于水下航行体、水面船舶、空间飞行器、深空探测器等能源动力系统，以及深海工作站、水下钻井平台、空间工作站及边远山区的发电系统，是极具发展前景的新型燃料。

目前，各种高温发动机已经在使用金属粉末作为燃料原材料。添加少量的铝粉能够为宇宙飞船的固体火箭增加额外的动力。另外，俄罗斯"暴风"鱼雷利用镁粉与水发生剧烈反应，释放出大量的热能以驱动鱼雷发动机。更进一步地，美国研究人员还提出设想：利用纳米铁粉作为汽车燃料，推动未来的汽车发动机告别燃油时代。研究发现，粒径为50纳米的铁粉具有相当高的活性，在250℃便可点燃，燃烧温度可达到800℃。此外，燃烧产物氧化铁在425℃通过氢气可还原成铁。当氢和氧反应产生水时，纳米燃料会再次燃烧，这样纳米铁粉燃料可以反复循环使用。诚然，纳米铁粉作为汽车发动机燃料仍存在许多技术问题。但是，在宜居、绿色节能、低碳环保等理念下，这种设想非常适合人类社会发展的需要。

第三节

微挚出春磨——球磨粉末

一、石磨与坚守初心的名士风骨

魏晋时期被很多人视为中国历史上最黑暗、最混乱的时代，但同时也是哲学思想、文学艺术成就极高、思想极活跃的时代。时代风气赋予了魏晋士人独特的精神面貌和个人气质，慷慨刚健正是其中一种可贵的品质与风格。

名士许文休生活于这样一个崇尚君子品格、高扬风骨的时代。许文休名靖，字文休，汝南平舆人。许文休年少时就已才名远播，博古通今、出口成章。他的弟弟许劭（字子将）也是一名年少有成、学富五车的翩翩才子。兄弟二人都因为善于品藻人物而佳名远扬。

在外人面前，他们兄友弟恭，感情甚笃；但是私下却是互相嗤之以鼻，勾心斗角。弟弟许劭任职汝南郡功曹时，不仅没有因许文休是哥哥而多加照拂，反而利用职位之便以权谋私，千方百计打压许文休，在许文休求仕的道路上设置了诸多障碍，导致其无法被政府录用，没有官职、没有俸禄。

在官场处处碰壁，仕途被弟弟百般阻挠的许文休，万般无奈之下选择了靠"打工"来养活自己，勉强度日。即使被逼迫到这般境地，

121

许文休也没有向弟弟服软低头。他靠替人赶马、磨粮食来维持生计。日复一日的劳作,虽然辛苦,却也踏实。古代的石磨笨重难移,许文休一介书生,在最开始做这份活计时吃了许多苦,双手被磨出水泡,炎炎烈日下机械的重复工作并没有让他心灰意冷,反而磨炼出他坚忍的意志力。

好在守得云开见月明,怀才不遇的许文休终于等到了许劭下台的那一天。在颍川人刘翊担任汝南太守期间,许文休得到赏识,被任用为计吏,推荐为孝廉,后来又做到尚书郎,主管官员选拔的事务。此后的许文休经历了跌宕起伏而又波澜壮阔的一生,扬眉吐气、建功立业有之,备受冷落、贬谪罢黜亦有之。但是他始终恪守初心,宠辱不惊。因为,他从未忘记过自己曾经赶马磨粮的艰难时光,他对有真才实学的寒门士子也从不吝惜关怀与举荐,提拔奖励过许多有志有才的后辈青年,品评清谈不倦。(事见《三国志·蜀书·许靡孙简伊秦传》)

当年勤勉不倦赶马磨粮的许文休,磨砺的其实是自己的意志。南宋诗人陆游,曾多次在诗篇中化用许文休赶马磨粮的典故,如"牛衣未起王章疾,马磨何伤许靖贫"(《初寒病中有感》),"穷阎依马磨,小石写驴券"(《病中自遣》),"二顷元知未易求,不如马磨学文休"(《明日自和》)……陆游对这位清贫之时依旧能够坚守本心、矢志不移、一身傲骨的真君子表达了他绵绵不绝的钦佩之意。

许文休的经历,激励着许多像陆游这样的士人在人生低谷的时候,依然不低头、不放弃,迎难而上、乐观积极,自食其力、以待未来。那份坚忍的意志、通达的心态、开阔的胸襟,支撑着他们直面坎坷人生,终成辉煌事业。

二、研磨发展史与人格的自我修炼

唐肃宗乾元二年(759),忧国忧民的诗圣杜甫正寓居同谷县凤凰村。一天清晨,杜甫带着村民们接济他的麦子,去找村头磨坊主磨面粉。磨坊主人一边磨面，一边跟杜甫闲聊起来。得知眼前这位中年人就是来自长安的大诗人，磨坊主便请杜甫来对一副对联，上联为："石磨磨麦豆"。杜甫思索之际，不经意抬眼看到了正在工作的水磨水轮不停旋转，联想到自己这些年的颠沛流离、命途多舛、怀才不遇，他沉吟道："水轮轮春秋。"磨坊主听完连声称赞，请杜甫将对联写下并张贴在门上。"水轮轮春秋"既是眼前实景，其实也包含着杜甫对艰难往事的告别以及对未来美好的祈盼。此后，世人将杜甫磨过麦子的石磨坊称为"杜公磨"。"杜公磨"的生意从此蒸蒸日上，这段故事也被口耳相传，成为一桩美谈。

石磨与诗人的缘分，并不仅见于身世偃蹇的杜甫，大约两百年后，北宋初年又一位著名诗人也因与石磨的缘分而闻名于世。

公元962年左右，济州巨野（今山东巨野）有一个神童的名声被传得非常响亮，连当时的济州郡从事毕士安都听说了这位神童的名字。要知道，这位毕士安后来官至宰相，连北宋名相寇準都是经过他的大力举荐的。更令人不敢相信的是，如果是一个书香门第或者官宦世家的孩子也就罢了，毕竟有家学渊源，能够接受比一般人更优良的教育，这种家庭出来的孩子往往自带"神童"潜质。可是这个闻名遐迩的小神童却是出自世代农家。俗话说得好，穷人的孩子早当家，这个小神童年纪不过七八岁，却不仅能够帮着父母磨面干农活养活家人，居然还能出口成章。因为神童的名气传得越来越玄乎，毕士安也坐不住了，于是他抱着将信将疑的心理，专程去了神童家里想一探究竟。

毕士安到神童家里的时候，看到一个七八岁的小孩子正在磨面，虽然干的是粗活，可小孩的眼神却显得很清澈机灵，毕士安想：这大概就是那个传说中的神童吧？于是他对小孩说："你磨面磨得这么好，那能不能就以磨面为题吟一首诗呢？"小孩毫不怯场，几乎是不假思索地就吟出了一首《磨诗》："但存心里正，无愁眼下迟。若人轻着力，便是转身时。"毕士安一听，大为惊讶，这个小孩真是了不

诗 "自在飞花轻似梦"

Zr基非晶中的析晶微观组织

（图片来源：刘咏）

得，看上去最普通的磨面的农活儿，却被小孩赋予了正直的人格特征：只要内心刚正，就不怕没有建功立业之时，只要稍有机会，准备充分的人就能在转身之际成就一番大事。

毕士安一眼看出，这个小孩如果好好培养的话，前途一定不可限量，于是将他送进学校，让他接受全面系统的教育。

这个被毕士安慧眼识珠的神童就是北宋初年的著名诗人王禹偁。

太平兴国八年（983），王禹偁果然高中进士，并且一直官至翰林学士知制诰，是北宋初年著名的直臣、能臣。后来苏轼盛赞他"以雄文直道，独立当世"，"耿然如秋霜夏日，不可狎玩"（苏轼《王元之画像赞并序》），对王禹偁的人格与文坛地位给予了高度评价，甚至苏轼在见到王禹偁画像的时候，不由得发自内心地感慨："想其遗风余烈，愿为执鞭而不可得。"（《王元之画像赞并序》）苏轼恨不得穿越回去，给王禹偁当一个持鞭驾车的车夫，亲身感受王禹偁的人格魅力。

圆圆的石磨，不仅是古人生产生活不可或缺的工具，更被赋予了方正刚毅的人格象征。杜甫和王禹偁，一位是唐代诗人，一位是宋代能臣，他们与石磨的故事从一个侧面反映了唐宋时期石磨在人们生活中的广泛运用。但其实，石磨在中国有着更为悠久的历史。

用石磨将大米、小麦、豆子等粮食碾碎成为粉末的做法，早在春秋战国时期已经出现。据《世本》记载，石磨是建筑与木匠的鼻祖鲁班于春秋末期所发明的。这一说法与现存文献的记载以及考古成果基本吻合。

磨，最原始的名称叫作"硙"，汉代才改称"磨"。汉代时，石磨已经在社会上广泛应用，成为普通人家常见的粮食加工工具。自汉以后直至近代，圆形石磨都是粮食加工的重要工具之一。

碾磨工具的发展经过了由磨盘磨棒——杵臼结合——圆形石磨的历程。根据马洪路先生考释：杵臼结合的舂捣法代替磨盘磨棒的碾磨法，大概是在仰韶文化中期之后逐渐推广的。到父系氏族社会，以杵臼春米，可能是妇女和少年的主要家内劳动之一。这个看法不仅可以从仰韶文化中期以后的各时期遗存中常发现石杵得到证明，而且古代文献已做了确切的记载。即相传黄帝、尧舜时代"断木为杵，掘地为臼，杵臼之制，万民以济"，可知在氏族社会后期，人们已普遍使用杵臼加工谷物了。[①] 黄帝打败蚩尤之后，便造出了用来加工粮食的杵臼。《世本》亦云："雍父作春杵臼。"雍父是黄帝的臣僚，他发明了杵臼。直到汉代初年，春捣法还在继续使用。汉高祖刘邦驾崩后，他生前最为宠爱的戚夫人被吕后囚禁在永巷，整日整日地春米劳作。绝望之际，戚夫人一边春米一边唱出了这首歌："子为王，母为虏。终日春，薄暮，常与死为伍。相离三千里，当谁使告汝？"（戚夫人《春歌》）戚夫人与刘邦所生的儿子刘如意当时远在封地赵国为王，他的母亲却像最卑贱的奴隶一样终日春米。而比身体的辛劳更折磨人的，还是戚夫人内心没有片刻消停的恐惧——心狠手辣的吕后绝不会放过曾经和她的儿子有过储位之争的刘如意。果然，赵王刘如意后来被吕后派人毒杀，戚夫人也惨遭折磨而死。

在戚夫人这里，春米只是吕后强迫她接受"劳动改造"的一种方式，而在老百姓的日常生活里，春米则是直接关系到温饱的必要劳动形式了。

当然，不论是最早的研磨工具磨盘磨棒，还是在仰韶文化中出现的杵臼，一般都只适用于少量的粮食碾磨。当遇到大量的粮食需要研磨成粉末时，这些工具便显得不够省时省力，规模也比较小。为了将采收的稻谷研磨成粉末，先民发明了规模更大的面粉加工机械，也就是圆形石磨。根据考古发掘所出土的文物可知，圆形石磨出现于战国末期、秦朝早期。由于将粮食研磨为粉末的工序复杂，因此按照谷物脱壳、去膜和磨粉的不同需求，石磨器具的用途与形

---

① 马洪路. 我国新石器时代谷物加工方法演变试探[J]. 农业考古，1984(7)：94.

制也有所不同。《天工开物·攻稻》中有相应的记载："凡稻去壳用砻，去膜用舂、用碾。"当需要给稻谷、小麦去壳时，需要用到的工具是砻；给稻谷、小麦去皮去膜时则用舂、碾完成这道工序，最后出场的就是石磨了，以石磨碾磨稻谷、小麦为粉末，如此便得到了米粉、面粉。

圆形石磨历史悠久，自战国末期面世以来，直到近代依旧被广泛应用。现代片式石磨、辊式石磨出现之后，传统圆形石磨才慢慢退出历史舞台。

水磨是中国古代劳动人民智慧的结晶，在水磨发明之前，石磨运转的动力以人力、畜力为主，不仅碾磨效率低下，而且非常耗费人力物力。直到晋代时水磨出现，以水轮为动力进行舂、磨，人们碾磨粮食的效率及便捷程度才得到了显著的提高。

不论是风清骨峻、磨粮谋生的许文休，还是命途多舛、忧国忧民的杜甫，又或是以雄文直道、独立当世的王禹偁，都像厚重而坚实的石磨一般，不哗众取宠、不张扬跋扈，而是安稳扎实、默默积淀。研磨粮食固然缓慢，但这个过程却是一点一滴、一粉一末积累而成，研磨与修炼自身的内心，亦当如此。

三、知识小贴士：粉末球磨工艺

我国古代劳动人民很早就发明了粉末研磨技术。用石磨将米、麦等谷物磨成粉末，是古人粮食加工的重要步骤。相传春秋末期，鲁国人公输班（鲁班）发明了石磨。磨粉的动力经过了人力、畜力到水力的发展。

近代工业革命和电机的普及，为高效率地研磨制粉提供了可能。其中，球磨法是现代工业应用最广泛的制粉技术之一。

在粉末冶金技术中，球磨法制取粉末，是利用磨球与金属物料的反复碰撞、碾压、击碎和磨削等作用，将粗颗粒的金属或合金粉碎成细微颗粒粉末的方法。球磨已经发展出多种技术方法，如：滚动球磨、振动球磨、行星球磨、搅拌球磨等。球磨法不仅用于破碎块状金属制取微细粉末，还是粉末冶金产品不可缺少的制备工序。低能量球磨法可用于不同粉末物料的混合、合批等。高能量的球磨技术，可以制备纳米粉末，可以使粉末相互合金化或产生化学反应，从而更好地调控材料的组织、结构和性能，以此制备新材料。

第四节

墨出青松烟——纳米粉末

一、东坡嗜墨与端方正直的德行修养

宋朝是一个风雅尚意的时代。自开国皇帝宋太祖赵匡胤推行"重文轻武"的国策以来，宋代的文化氛围渐浓，文人墨客频出，他们在工作之余喜好煮酒品茗、闲谈论棋、吟诗作画。时人很享受闲情逸致的书房时光，欣赏、把玩与收藏"文房四宝"，亦蔚为风气。例如东坡居士苏轼尤其喜爱藏墨，他自己曾说："余蓄墨数百挺，暇日辄出品试之。"（苏轼《书墨》）可谓是藏墨大家了。

苏轼好墨自然是受到了宋代文化气息的感染与影响，此外也与他的成长环境有着密切的关联。苏轼之父苏洵是"唐宋八大家"之一，本就喜爱字画等文雅之物。自幼生长于书香门第的苏轼，在父亲的熏陶、教导下，也逐渐浸染出了收藏笔墨书画的爱好。

苏轼好墨到了什么地步呢？身为老师的他，居然为了一块心仪的墨，直接向学生"抢夺"，这个可怜的学生就是大名鼎鼎的黄庭坚。黄庭坚虽师事苏轼，但无论诗文还是书法，黄庭坚在当时都独步一时，名声并不在老师苏轼之下，他的作品也是时人趋之若鹜的宝贝。例如李清照的丈夫赵明诚是当时著名的收藏家，他就对苏轼、黄庭坚的作品都爱若珍宝，"每遇苏、黄文诗，虽半简数字必录藏"（陈师道《与鲁直书》）。因为赵明诚酷爱苏轼、黄庭坚师生的墨宝，甚至还引起了他的父亲，也即苏轼一门的政敌赵挺之的不满。即便如此，赵明诚也丝毫不改对苏黄作品的珍爱。

正因为求赐墨宝的人太多，黄庭坚收到的"润笔费"也颇为可观，以至于他时常背着一只锦囊，锦囊里装满了人家送给他的精致的文房四宝。有一天，黄庭坚来拜访老师，顽皮的苏轼故意要翻看他的锦囊，于是就在囊中探得一块承晏墨——这可是南唐著名墨工李承晏所制的宝墨。苏轼一见如此宝物，哪里还肯放手，反复摩挲把玩还不够，于是"厚着脸皮"向黄庭坚讨要。黄庭坚也是一个爱墨、惜墨之人，当然不愿意割舍心头所好。谁料到苏轼居然耍起赖来，不顾自己的"师道尊严"，直接拿过黄庭坚的锦囊，把那块墨抢走了，气得黄庭坚捶胸顿足却也无可奈何！成功"抢"得宝墨之后，苏轼还津津乐道地将抢夺的过程绘声绘色地记录下来，这样一来，整个"朋友圈"都沸沸扬扬了。

被苏轼看上的这块墨自然不可能是凡品。"承晏墨"的制作者墨工李承晏是南唐赫赫有名的造墨家李廷珪的侄子。李廷珪所制作的墨有多么珍贵呢？当时流传着这样一句话："黄金易得，李墨难求。"自宋太祖赵匡胤之后，皇帝所颁布的诏书，均是用廷珪墨写就，可见其质地上佳、稀少名贵。而李承晏继承了李廷珪的制墨方法，制作出来的墨虽不及廷珪墨那般万金难求，却也是上乘难得的好墨，难怪爱墨成痴的苏轼会忍不住从爱徒手中"巧取豪夺"了。

苏轼不仅喜爱收藏墨，而且还乐于钻研如何制墨。元符三年（1100），六十四岁高龄的东坡居士被贬谪至海南儋州。百无聊赖的他发现海南的松树出乎意料的多，煤资源也非常丰富，这就为他尝试制墨提供了得天独厚的条件。为了打发时间，排解心中的苦闷，苏轼开始着迷于研究制墨技术。"己卯腊月二十三日，墨灶火大发，几焚屋，救灭，遂罢作墨。得佳墨大小五百丸，入漆者几百丸，足以了一世著书用，仍以遗人。"（苏轼《记海南作墨》）他在制墨的时候，还因为操作失误导致了火灾，把居所都烧毁了，所幸付出了许多精力的墨得以存留，且质地上佳，足有五百丸，不仅供他自己写一辈子的书都绰绰有余了，还能将这些墨作为礼物赠送给亲朋好友。

浓墨深邃冷峻，淡墨轻微邈远。人们常说"字如其人"，一个人的字迹，以及他的用墨习惯，都可以在一定程度上反映出其品质性格，乃至为人处世之道。透过苏轼的书法风格，也可从中窥见他豁达乐观、坚韧不拔的人生态度。

苏轼还在藏墨、用墨之事上获得了许多的人生感悟。他曾在《书冯当世墨》中写道："人常惜墨不磨，终当为墨所磨。"若只一味地收藏佳墨，而将其束之高阁，不舍得使用，那么它的价值又能如何体现呢？收藏它的人何时才能用完这些墨呢？难道要等到人亡墨存的那一日吗？苏轼意在告诫世人，美好的年华与事物都转瞬即逝，应该抱有一种"花开堪折直须折，莫待无花空折枝"的珍惜当下的心态，不要等到日月无光、青春消逝的时候才追悔莫及。

当然，人也不应该为物所役，人生所求物尽其用，适得其乐而已。苏轼还在与司马光煮茶论道时，赞许墨的品质。一天，司马光听闻苏轼既爱茶也爱墨，便有意打趣他道："茶与墨的特质正相反，茶是越白越好，墨是越黑越好；茶是越浓越好，墨是越轻越好；茶是越新越好，墨是越旧越好。它们两者如此迥异，你为何会同时喜爱此二者呢？"苏东坡机敏地回答："茶与墨的外在特征确实存在着很大的差别，但是它们的内在本质是相同的。"司马光不禁好奇了起来："此言怎讲？"东坡说："上好的茶与难得一见的墨最大的内在共同点，就是它们都有一种芳香，也就是它们的德行相同。而这二者又同样坚实质朴，也就是它们的操守相同。就好比贤人君子，他们的高矮胖瘦、美丑黑白都不一样，但是他们内在的德行情操、涵养修为是没有差别的。"司马光听了后点头称赞，备感钦佩。

其实，苏轼又何尝不是一块上佳的墨呢？他的经世之才、广博的胸襟、坚定不移的志向，与芳香坚实的宝墨又有何异？从墨到人，再从人到墨，蕴含的是苏轼对家国、对社会以及对人生深刻的感怀体悟。

二、王羲之洗墨池与天道酬勤

墨作为中国的文房四宝之一，按照制作工艺技术，主要分为松烟墨与油烟墨两类。苏轼在海南以松树烧出的烟灰制成的墨叫作"松烟墨"。这种墨的制作历史远比油烟墨悠久。《述古书法纂》记载："邢夷始制墨。"相传邢夷生活于周宣王时代。一日，邢夷来到河边洗手，偶然拿起了一块烧过的木炭，不小心把手弄成了黑色，他便从烧过的木炭中得到了启迪。邢夷把木炭研磨成了粉末，加入稀粥一类的黏合剂搅匀晒干，制成了历史上的第一块墨。宋应星在其所著《天工开物》一书中，详细介绍了松烟墨的制作过程："凡烧松烟，伐松斩成尺寸，鞠篾为圆屋，如舟中雨篷式，接连十余丈。内外与接口皆以纸及席糊固，完成。隔位数节，小孔出烟，其下掩土砌砖先为通烟道路。燃薪数日，歇冷，入中扫刮……凡松烟造墨，入水久浸，以浮沉分清悫。其和胶之后，以捶敲多寡分脆坚。其增入珍料与漱金、衔麝，则松烟、油烟增减听人。"想制作出一块松烟墨，要历经许多繁杂的步骤，从伐松树为小块开始，接下来将其放入特制的容器内燃烧，燃烧形成的烟遇冷凝固成为烟炱，待其凝固后扫刮下来，再将它放入清水中，通过浮于水面还是沉入水底来"筛烟"。经过这种方式过滤后，再加入胶搅拌均匀，待其成块后进行杵捣、锤炼，最后还需加入各种香料等预防虫蛀。松烟墨的特点即"浓黑无光，入水易化"。松烟墨的制作过程极其复杂，源于松枝，而升华为墨，更以文笔书画留香人间。

盛唐是一个浪漫而热烈的时代，文人们的交相往来、酬唱应答也颇具风雅与情怀。李白同苏轼一样，也是一位好墨之人。略有不同的是，苏轼抢墨的故事充满着"横刀夺爱"的诙谐气息，而李白与张司

马的交游则凸显着朋友之间的情深义重。李白这首《酬张司马赠墨》
就写于受赠朋友松烟墨之后：

上党碧松烟，夷陵丹砂末。兰麝凝珍墨，精光乃堪掇。
黄头奴子双鸦鬟，锦囊养之怀袖间。今日赠予兰亭去，兴来
洒笔会稽山。

上党是一个地名，盛产优质上品的松烟墨，这个地方出产的墨名
为"碧松烟"。李白是个很有意思的人，其性格特点之一是"言行不
一""说走就走"。公元755年，安史之乱爆发，李白携家眷南行避
难，一路上走走停停，终于决定在庐山住下，并且大声宣布自己要
"归隐"了！结果没过两年，五十七岁的李白不甘寂寞，传闻中已经
归隐的他却在永王使者"三顾茅庐"之后踏入永王军营，成为永王李
璘的幕僚，还意气风发地写了一组《永王东巡歌》，抒发了想要建功
立业的豪情壮志。天真烂漫的李白并不知道自己已经被卷入了一场政
治的旋涡，还因为"站错队"而被关押——永王李璘的叛军很快就被
朝廷镇压，而李白也成为阶下囚。《酬张司马赠墨》正是写于羁押狱
中候审的这段时间。张司马选择赠送松烟墨给李白，既是对身陷囹圄
的故友表达记挂牵念之心，实则还有另一层深意。"墨"是古代的一
种刑罚，施行的方法是在犯人的脸上或其他部位刺字并上色，使之成
为永久的屈辱性标记；但是这种刑罚相较于残酷的劓、宫、刖等，已
经算是很轻微的了。因此，张司马赠松烟墨给狱中的李白，是透露给
他所犯罪行不重、无须担忧的信息，以宽慰李白。据学者考证，张司
马极有可能是唐代著名诗人张谓，若果真如此，那么李白与张司马是
相识于微末之时，感情甚笃；在李白遭受牢狱之灾时，张司马非但没
有避之唯恐不及，还主动赠送松烟墨给李白，为他四处奔走斡旋，这
样的深厚友情便被寄托在了一块"上党碧松烟"之中。

《酬张司马赠墨》一诗的最后两句化用王羲之《兰亭集序》的典
故。"张司马，你将绝佳的松烟墨赠送给我，只有等我出狱后，与你
再赴兰亭，曲水流觞、吟诗作赋之际，取出这样一块好墨，才不辜负

会稽山一聚啊。"李白与王羲之都是洒脱俊逸的爱酒、好墨、喜吟诗作赋之人，一个是爽朗豪迈的诗仙，一个是笔走龙蛇的书圣。如果他们生于同一个时代，想必也会成为至交。毕竟，王羲之同李白一样，也是松烟墨的"忠实粉丝"。

王羲之的书圣之名世人皆知，他的老师之名却少有人知。其实，

"碧烟红雾扑人衣"

Zr基非晶中的析晶微观组织

（图片来源：刘咏）

王羲之的老师是东晋著名的才女书法家卫夫人。卫夫人是王羲之母亲的中表亲戚，师承钟繇。得益于这样的家学渊源，王羲之的书法之路走得颇为顺畅。卫夫人所作《笔阵图》云："其墨取庐山之松烟，代郡之鹿角胶，十年以上，强如石者为之。"这篇文章就是用来教授王羲之书法理论的"课本"，其中谈及了执笔、用笔的方法，并且强调要使用产自庐山的松烟墨，方能写出一手好字。由此可见，早在东晋时，松烟墨就已经成为备受文士喜爱的上乘墨品。王羲之身为卫夫人的学生，早年便耳濡目染，所用之墨想必也是色泽肥腻、性质沉重的松烟墨了。

后世对王羲之的书法造诣评价极高，认为他在博采众长的基础上又自成一家，精通隶书、草书、楷书、行书各体，风格平和自然、委婉含蓄、遒劲有力，可谓是翩若惊鸿，婉若游龙。人们无不艳羡于他炉火纯青的书法技艺，在难以望其项背的同时，理所当然地将王羲之成功的原因归为"天资聪颖"，但是事实果真如此吗？北宋文学家曾巩专门写了一篇《墨池记》来探讨这个问题。相传，在临川（今江西抚州）城的东面，有一块地势略高之处，称为"新城"。新城有个池塘，是王羲之清洗笔墨砚台的地方。因为王羲之勤奋刻苦、大量用墨，经年累月，池水竟都被洗成了黑色。曾巩以新城墨池的故事开篇，继而谈到王羲之的书法到了晚年才丰神盖代、蔚然大成。他能取得这样的成就，委实还是依靠后天的努力才实现的，并不是世人传言的"天赋异禀"。如今，墨池的旁边是抚州学舍，教授王君盛担心这个地方不够出名，特意在屋柱上悬挂"晋王右军墨池"的牌匾，并且请曾巩为此处作记。曾巩猜测王先生的用心，亦是想以王羲之的事迹来勉励莘莘学子，让他们知晓"天道酬勤"的道理。只要足够勤奋努力，专心致志，必然能在某个领域取得成功；如果因为天资聪颖而放弃后天的努力，那么就会成为另一个"方仲永"，泯然众人了。

原来，一方好墨的制成需要多重复杂工序，而一个"天才"的养成同样需要漫长而艰辛的磨炼。

三、知识小贴士：气相沉积制粉

除了松烟墨，油烟墨也是重要的书写材料。称其为"油"，是因为油烟墨烧制的原料一般是猪油、蓖麻油、菜籽油、桐油等油性物质，通过收集油烟而成墨。故而相较于松烟墨的"无光"，油烟墨的显著特征就是"坚而有光，黝而能润，舐笔不胶，入纸不晕"。制作油烟墨的工序相较于松烟墨要复杂得多，且加入其中的原料大多是麝香、冰片、金箔等名贵之物，制作成本高昂。因此，一般只有王公贵族、高门显贵才能享受到质量上乘的油烟墨，一般的读书人或平民百姓依旧使用相对廉价的松烟墨。

松烟墨和油烟墨，从材料的角度上来说，其本质就是不完全燃烧得到的无定形碳。无定形碳是指碳原子结晶化程度很低，近似于非晶形态的碳材料。无定形碳除了可以制作墨水外，还是工业上应用广泛的重要原料。煤、焦炭、木炭、活性炭等都属于无定形碳的范畴。

炼烟作为松烟墨的关键步骤，目的是获得一种尺寸极小的碳颗粒。燃烧松木获得纳米碳粉末这一方式，其工艺和原理与气相沉积制备粉末法有相似之处。

气相沉积可分为化学气相沉积和物理气相沉积。化学气相沉积是利用挥发性金属化合物蒸汽分解或者与其他气体间的化学反应，获得超细粉末的一种方法。松烟墨和油烟墨的制作过程实际上是属于化学气相沉积，即利用木材或者油脂燃烧后的产物沉积而成。化学气相沉积还可以制备石墨烯（碳的纳米结构材料）、氧化物、碳化物和氮化物等纳米陶瓷和无机粉末。物理气相沉积是指将材料源汽化成气态颗粒，随后通过冷却收集，从而获得粉末的方法。物理气相沉积多用于金属、合金纳米粉末或者涂层的制备，通过控制气氛也能制备陶瓷和无机材料。例如，物理气相沉积的纳米铜粉被广泛应用于润滑剂、催化剂、涂料的制造等领域。

第四章

金甲耀日光
——粉末成材

JINFEN
CHUANQI

FENMO YEJIN YU
RENLEI WENMING

中国有句俗语叫"巧妇难为无米之炊"，说的就是原材料的重要性，材料是一切制造的基础。"就地取材"，这个"材"不仅仅是实物之材的便宜之用，也包括生活经验的巧妙运用。科学发现并非遥不可及，而是与日常生活息息相通。

第一节

面迷离于指端——增塑成型

一、东坡不嚼面与豁达乐观的心态

宋绍圣四年（1097）四月初，惠州知州方子容面色沉重地来到了一个简陋却别致的小院。这里正是汴京贬官苏轼新建成不久的白鹤居。方知州带了一个坏消息。朝廷旨意：苏轼责授琼州别驾，昌化军安置，不得签公事。苏轼心里没想过能再回朝，已经打算在惠州终老，可也不曾料到章惇竟然还不肯善罢甘休。据说苏轼在惠州写的诗"报道先生春睡美，道人轻打五更钟"，传到了章惇的耳中，章惇很是不高兴，远在蛮荒之地的贬臣还能这么逍遥自在。于是玩起了文字游戏：苏轼不是字子瞻嘛！那就给瞻去"目"，贬儋州；苏辙不是字子由嘛！给由加雨，贬雷州。一月之间，兄弟二人从各自贬所再度南迁。苏轼从广东惠州出发，苏辙则从江西筠州出发，当苏轼到达梧州的时候，苏辙已经到了两百余里之外的藤州。得知自己离弟弟这么近，苏轼决定快马加鞭追上去，跟弟弟见上一面。自从三年前在汝州分别，兄弟俩就没有再见过。而此行，苏轼将要渡海，也不知有生之年还能不能再回来，所以无论如何都要和子由一聚。

五月十一日，苏轼终于追上了子由。把家人安顿停当，兄弟二人来到藤州城里散步。子由一副心事重重的样子，苏轼也不知从何劝慰。一路上谁都没有说话，气氛有些沉重。看到路旁有一家小面摊，苏轼遂提议吃碗面。于是两人便坐了下来。老板端上面来，苏轼几口就吃完了。放下碗再看子由，他正皱着眉头，吃力地嚼着面，一脸嫌弃的样子。子由说："这面味道实在是古怪，难以下咽。兄长怎么一下子就吃完了？"苏轼说："知道难吃，你还要嚼这么久吗？"一语点醒梦中人，苏辙顿时豁然开朗。二人爽朗的笑声一下子轰走了头顶的乌云，终于可以敞开心扉好好叙旧了。他们结伴前往雷州，一个月时间里，同睡同起，形影不离，仿佛又回到了小时候。

　　苏轼只比苏辙大两岁，两人从小一起玩耍，一起读书。苏轼二十一岁时，父亲苏洵带着两个儿子一起到京城参加科举考试，两兄弟又一起高中进士。可是正当苏轼兄弟俩"春风得意马蹄疾"，沉浸在成功的喜悦之中时，家中噩耗传来：母亲程氏夫人于四月七日去世。悲痛欲绝的父子三人仓皇离京，兄弟俩开始了三年的守孝生活。嘉祐四年（1059）十月，服丧期满后，苏洵带着两个儿子举家迁往京城，兄弟二人对此番进京大展拳脚寄予了热烈的期望，一路上他们互相勉励，诗歌唱和不断。到达汴京后，苏轼兄弟俩都暂时辞去了朝廷任命的官职，全力以赴准备第二年的制科考试。为了安心学习，他俩从家中搬出来，住进怀远驿中苦心攻读。这一回的寒窗苦读，居然成了他们兄弟此后一生中最刻骨铭心的记忆，也成了他们此后面对一个又一个接踵而至的磨难时最大的心灵安慰。

　　一天夜里，骤雨突降，狂风呼啸，怀远驿中幽暗的灯光下，兄弟二人埋首苦读的身影却显得那么寂静安宁。此刻，他们正读到唐代诗人韦应物的一首诗《示全真元常》，其中有"安知风雨夜，复此对床眠"①的句子，两个人不由得相视一笑，那份兄弟间无须言表的默契

----

① 　陈宏天、高秀芳校点《苏辙集》卷七中作"安知风雨夜"，《苏轼年谱》同，孙望编注《韦应物诗集系年校笺》作"宁知风雨夜"。

与深情在风雨夜中静静流淌：今夜窗外风雨如磐，而我们却能在书斋中如此安宁地对床畅谈，这是何等的快意人生！此后人生路漫漫，不知我们还能不能再一次拥有这样温馨的时光。

是的，在眉山故乡，在京城的怀远驿，他们兄弟一直形影不离，同窗共读二十余载，这将是他们一生中最美好的记忆。不久之后，他们都将踏上仕途，不知道什么时候还能重温这样美好的风雨读书夜。

兄弟俩一想到茫然不可知的未来，不免有一点黯然神伤。于是两人郑重约定："不论将来我们做官做到何种程度，一定要记得尽早功成身退，不要贪恋功名富贵，早日一起归隐田园，一起悠游于山水之间，一起读书，一起聆听夜来风雨声。"

两人击掌起誓，而这一夜的"对床夜雨"果然成了兄弟俩一辈子最难忘的记忆，也成为此后他们诗词当中频频出现的意象。

嘉祐六年（1061）的制科考试中，兄弟俩又双双名列前茅，据说仁宗再次亲临崇政殿，读到两人的制策后，回到后宫还兴奋地对皇后说："朕今日为子孙得两宰相矣。"对苏轼、苏辙的赞赏溢于言表。苏轼随即被授予大理评事，签书凤翔府（治所在今陕西凤翔）签判。但是苏辙的任命问题却出现了一些波折，因为他在应试的策论中直言指斥朝政过失，负责起草诏书的知制诰王安石十分不满，后来任命书下达，苏辙被任命为商州（治所在今陕西商洛市商州区）军事推官。苏辙对这个任命感到非常失望。正好这一年苏洵奉诏在开封修纂礼书，苏辙就以兄长远在凤翔为官、父亲年迈无人侍奉为理由，辞去官职，请求留在京城照顾父亲。这便是二十多年来兄弟俩的第一次分离了。

苏轼离京任职时，苏辙一路相送，一直送到了郑州。临别时，苏轼写了一首诗，诗中有云："亦知人生要有别，但恐岁月去飘忽。寒灯相对记畴昔，夜雨何时听萧瑟。君知此意不可忘，慎勿苦爱高官职。"子由啊子由，我也知道人生有聚就有散，我担心的只是岁月匆匆，我和你不知何日才能再聚？子由啊子由，你可还记得那天夜里我

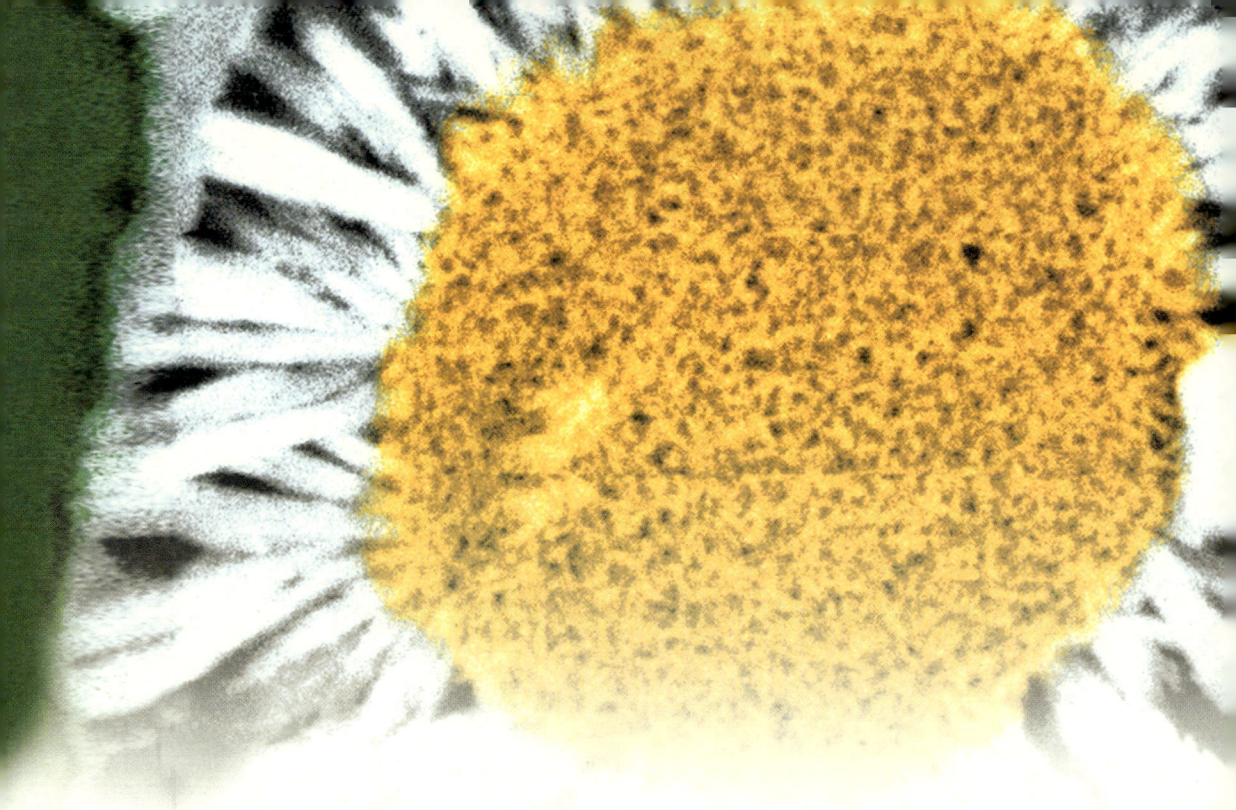

（诗）**"青青园中葵，朝露待日晞"**

Al基非晶中的析晶微观组织

（图片来源：刘祖铭）

们寒灯相对、夜雨萧瑟时许下的诺言？请你一定不要忘记，追名逐利不是你我的理想，我们都在等着再一次对床夜雨，再叙兄弟情深。

第一次离别，"对床夜雨"的记忆从此凝定成了兄弟俩奔波一生、坎坷一生最大的念想和安慰。

此后，苏轼、苏辙兄弟就开启了聚少离多、仕途沉浮的漫长岁月。元丰二年（1079），乌台诗案出，苏轼遭人构陷，身入囹圄，苏辙以官职为兄赎罪，又为他照顾家人。苏轼被贬黄州以后，又是苏辙护送苏轼的妻子王闰之及全家二十多口人抵达黄州。危困时守望相助，顺达时则极力成全对方。哲宗继位后，作为旧党的苏轼、苏辙都被召回京师，委以重任。苏轼一度封为端明殿学士、翰林侍读、礼部尚书，苏辙也进龙图阁学士、吏部尚书。元祐三年(1088)五月初一日，苏辙《五月一日同子瞻转对》诗写道："对床贪听连宵雨，奏事惊同朔旦朝。"就是说他们兄弟真是前生注定的缘分，可以一起夜雨对床寒窗苦读，还可以同朝为官，同一天"转对"。所谓转对，就是指百官轮番上奏，谏言朝政得失。宋代转对，每次限定两人，因此两兄弟轮到同一天转对的概率是极其低的。但元祐三年五月初一日，他们却轮到一起转对了，这是何等的缘分和幸运。

然而兄弟二人同朝为官，毕竟于礼制不合，更容易遭人嫉妒。因此他们争相请求外放。哥哥说弟弟如今位高权重，做哥哥的要避嫌，请求去外地任职。而弟弟却说，哥哥才高，理应留在皇帝身边，更何况只有弟弟避哥哥，哪有哥哥避弟弟之嫌的理。

对于苏轼来说，弟弟子由就是人生知己，不论显达或是穷困，能从精神上安慰、倾听自己的，从生活上接济自己的从来都是子由。而对苏辙来说，哥哥子瞻亦师亦友，从小在生活上照顾自己，在学业上指导自己。所以，二人一直是同进同退，友爱弥笃，甚少怨尤。

轼、辙兄弟感情虽好，性格却有所不同。苏洵在给他们取名的时候就说了：轼，本义是古代车厢前面用作扶手的横木。对于一辆完整的车子来说，车轮、车辐（连接轴心和车轮圈的直木条）、车盖、车轸（车厢底部后面的横木）等都是不可或缺的部件，但作为扶手的横木，好像是可有可无的——因为即便去掉这个扶手，车子照样可以往前走。可是如果真去掉这根横木，那车也不成其为一辆完整的车了。而且人们常常倚着这根横木瞻望远方，这也是车子最靠前、最容易引人注目的部分。苏洵深知此子虽则天纵高才，但个性太过坦诚率性，丝毫不懂得掩饰自己的锋芒，会给别人一种张扬狂傲的感觉，容易遭人嫉恨，恐怕也容易给自己带来祸患啊！

辙，是车轮轧过的痕迹。辙不属于车的任何一个部件，可是天下的车行进的时候都要顺着车辙才能不偏离正道。而当人们谈到车的功劳的时候，却没有人会想起车辙。但如果出了交通事故，车翻马亡，有了罪过也没人会怪罪到车辙头上去。因此，无功也无过是车辙的特点，也就能够在福祸之间善加处理了。

事实证明，苏轼的性格确实是放任不羁、真挚坦率的，而苏辙则更沉稳善虑一些。坦率的人豁达乐观，而沉稳的人往往心思缜密。看来兄弟俩从小就性格迥异，苏洵正是因为对儿子们的性格十分了解，才会分别为他们取名为轼与辙，并告诫他们要正视自己的个性特点，正确认识自己的长处和短处，学会扬长避短，将来在人生道路上才能更加顺畅。

或许，正是兄弟俩的个性差异，才可以解释为什么苏轼能够满不在乎、囫囵吞面，苏辙却多思多虑、难以下咽吧。

其实，苏轼在遭贬海南之前早就已经有过人生的至暗经历。元丰二年（1079），在湖州任知州的苏轼没想到一个晴天霹雳砸向了自己：有人状告他的诗文谤讪朝政，着押解回京，交御史台审理。历经四个多月的审讯，最终判决贬谪黄州。初到黄州，苏轼每天白天在家闭门睡觉，晚上没人的时候，才敢溜出去走一走。不过，慢慢地，他在黄州找回了自己的生活。开始与朋友饮酒、出游，他开始与家人躬耕、建房，他的生活从一片灰暗开始明亮、绚丽起来。他在这里写下了《赤壁赋》，写下了"一蓑烟雨任平生"，他在这里留下了《寒食帖》……士大夫的书卷气、市井的烟火气、乡村的泥土气完美地集于苏轼一身。他在邻居家吃到十分酥脆的糕饼，就给取了个名字叫"为甚酥"；喝到酸苦难饮的土酒，就给取名"错着水"。他带着家人郊游，灌上一葫芦错着水，又想起用为甚酥来配，于是写了小诗，让童仆带上去找主家讨要了，诗云："野饮花间无一物，枝头惟挂一葫芦。已倾潘子错着水，更觅君家为甚酥。"苏轼从这时候起就已经培养出了一种能力：把难吃的东西变好，把苦日子过甜。他得到了黄州城郊一片小坡地，于是带着家人在此耕种，不仅种稻谷充饥，还种了桃花茶树。他自嘲说："饥寒

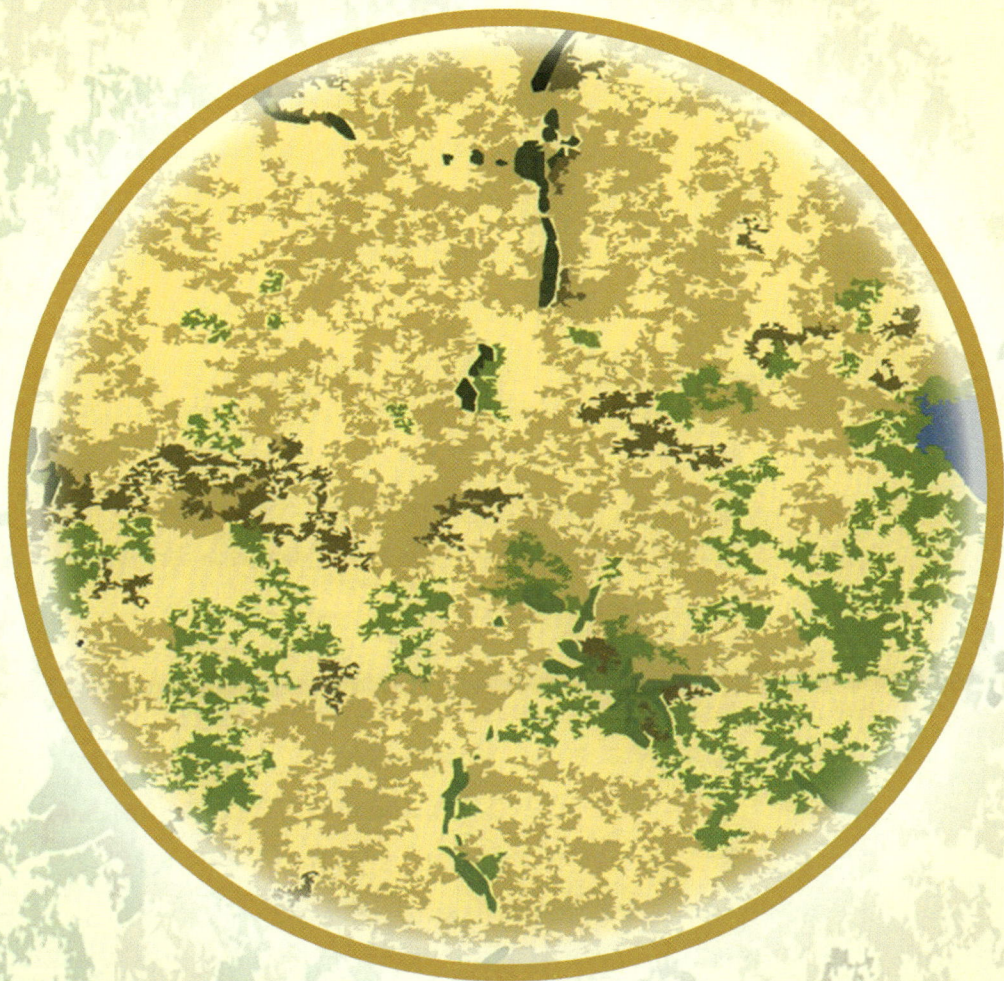

"莫言塞北无春到，总有春来何处知"

镍基铸态合金微观组织

（图片来源：易旺）

未知兔，已作太饱计。"茶是消食去腻的，大鱼大肉吃多了，最好用茶来刮油。可苏轼现在连吃饱饭都成问题，却还想着要喝茶。这不是文人的雅趣又是什么呢？生活不能只是生活，总还要有别处；生活又得是生活，首先要活在此处。对苏轼来说，生活在此处，所以须得面来充饥、活命；生活在别处，所以面无所谓味道好坏。难怪苏轼最得意的学生之一，被贬在郴州的秦观听说了两位老师吃面的事，感慨道："这是老师在黄州'饮酒但饮湿'的境界。"黄州的五年生活早已经练就了苏轼面对风雨吟啸徐行的从容。苏轼较子由更早也更久地体会过了宦海沉浮、人生无常，此时才能用一碗面来开解弟弟。

公元1094年，也就是绍圣元年，闰四月，苏轼被诬以"讥刺先朝"的罪名，从定州知州任上被贬英州（今广东英德），接着又贬为建昌军司马，惠州安置，在赴任路上再次接到贬谪诏命，改贬宁远军节度副使，惠州安置。数月之内，连续好几道贬谪令，最终被剥夺一切实职，彻底投闲置散。

就在惠州期间，苏轼曾经给弟弟苏辙写过一封家书，大意是：来到惠州后，惠州这地方又贫穷又荒凉，商业也极不发达，市场寥落，但集市上每天仍然会宰一头羊，苏轼没钱买羊肉，也不敢和当地权贵或者土豪争买羊肉吃，只能和屠夫商量着隔一段时间偶尔留几根羊骨头给他。骨头的缝隙里多多少少会黏着一点羊肉，苏轼便将骨头煮熟趁热滤出来，放在酒中浸泡，然后稍微加点儿盐烤来吃。他会仔仔细细地将骨头缝隙中的羊肉剔出来，为了剔干净一点，有时候甚至要剔上一整天，虽然最后能够吃到的一点羊肉还不够塞牙缝，但也吃得津津有味，开心得不得了。这份满足感，和吃螃蟹实在也差不了多少呢。隔几天能吃到这么一点点羊肉，感觉很有营养，真是进补的好办法。

这样的美味，苏轼自然不会独占，他赶紧写了这封信给弟弟，不仅详细地将这种剔骨肉的做法教给苏辙，让他也补补身体，还没忘记顺便嘲笑一下弟弟："子由啊子由，你这家伙当大官当久了，平时吃的都是大鱼大肉，吃肉的时候一口咬下去，牙齿都陷到肉里去了，还没咬到骨头，你肯定是体会不到老兄吃'剔骨肉'的这种滋味啦。"信的末尾他还不忘幽默一下："要是我发明的这种美食不小心被宣传出去了，只怕那些狗狗们都要恨死我了，呵呵。"

这真是典型的苏东坡式的"幽默"啊，他自己觉得好玩的事，哪怕是极其微不足道的小事，也念念不忘要及时与弟弟分享，哪怕他们相隔千里万里。苏辙官做得比哥哥大，家庭经济条件也比苏轼好，饮食起居方面可能不像苏轼一样吃过那么多苦，因此苏轼的信中还暗含对弟弟的担忧和牵挂：在物质生活方面一向养尊处优的弟弟一旦遭贬，能经受得起这样的打击和磨难吗？

这封家书看似平淡，只不过是苏轼随意谈谈在惠州的日常饮食，但字里行间实则反映了苏轼在极其困苦失意的处境下依然达观的胸怀，对弟弟饱含牵挂的深情，以及唯恐弟弟为自己担忧而故意美化惠州生活的良苦用心。想必远在千里之外同样遭受贬谪命运的苏辙接到这样的家书，也会在困顿中露出会心的笑容吧！

其实，被贬惠州时期的苏轼自己正陷于贫病交加之中——到惠州的第二年，苏轼的老毛病痔疮就发作了，他痛苦不堪地卧床辗转了一百多天。由于惠州缺医少药，作为美食家的苏轼只能用调节饮食的办法来缓解痛苦。这个时候，又是面条救了他的命：禁食一切荤腥等有滋味的食物，每天早晚只能吃少量清淡的面条。一百多天后，苏轼才终于从疾病的折磨中慢慢恢复过来。

无论是囫囵吞下的面条，又或是在疾病缠身时调理身体的清淡面条，都反映出苏轼不仅能够苦中作乐，还善于用幽默风趣的方式开解亲人朋友。这就是苏轼——命运不曾改变他，他却赋予了命运最顽强最丰富的形态。

二、面食的起源与人生信仰的坚守

东坡"不嚼面"的故事记录在南宋陆游的《老学庵笔记》里。原文中面写作"汤饼"，所以也有学者把它翻译为菜汤和酥饼。但或许此处理解为面条更为合适。为什么呢？为什么不是粥，不是饼，也不是米饭，而是面，也只能是面呢？粥是不用嚼就可以吞的。米饭需要配菜，不太会出现在路边摊。而饼呢，不嚼的话，很难吞咽。只有面条既具有路边摊气质，又不用嚼就可以吞食，而且可以很快吃完。湖南人有一个很形象的词来形容吃粉面——"嗦"，就是吸溜进去的意思。

那么，宋代究竟有没有面条呢？"汤饼"又是什么呢？宋人程大昌《演繁露》有解释："《释名》曰：饼，并也，溲麦使合并也。"[①]"饼"的原意是水和面粉调和、揉搓而成的食物。"汤饼"并不是宋代才有的，欧阳修《归田录》卷二记载："汤饼，唐人谓之不托，今俗谓之馎饦矣。"[②]北魏贾思勰的《齐民要术》里有所谓"水引馎饦"，说的就是把面揉搓成像筷子一样的长条，然后一尺一截断，再压得像韭菜叶一样扁扁的，放到沸水里煮熟。这就是早期的面条。晋代有人写了一篇《饼赋》，说冬天感冒、体虚的时候最适合吃一碗热汤面，既好消化吸收营养，又能发散寒气。《饼赋》还说汤饼是"弱似春绵，白若秋练"，意思是面条像春天里的柳条一样柔和绵软，又像秋天的绢丝一样洁白，形象地描写了面条的形态和口感。

面条的制作原料是麦子，但从麦子到面条，其实经历了漫长的时间和实践。《周易·系辞下》记载："神农氏作，斫木为耜，揉木为耒，耒耨之利，以教天下。"[③]这说明上古时代已经开始了粮食的种植。考古发现，河姆渡人已经掌握了水稻种植的技术，甘肃东灰山新

---

① 程大昌，撰. 许逸民，校注. 演繁露校注[M]. 北京：中华书局，2018：1473.

② 欧阳修. 归田录[M]. 北京：中华书局，1981：21.

③ 周易[M]. 杨天才，译注. 北京：中华书局，2016：55.

石器时期遗址中也发现了碳化麦粒。《诗经·鄘风·载驰》云："我行其野，芃芃其麦。"先秦时期的中原地区已经是一片荞麦青青了。但是根据学者的考证，麦子最开始只是北方地区的备荒粮，一般只有贫困的百姓食用，而贵族是以粟也就是小米为主食的。苏轼曾经把吃麦饭比喻成"嚼虱子"，可见直接煮熟的麦子口感并不好。东汉末年，小麦制粉技术和面食制作方法逐渐流行起来，麦子这才变得好吃了。魏晋南北朝以后，麦子逐渐取代粟，成为北方的主粮。北方食麦、南方食稻的饮食习惯也从此形成，并延续至今。

说到热汤面，还有一个有意思的小故事。《世说新语·容止》中记载：三国时远近闻名的俊逸男子何晏，皮肤特别好，又白皙又滑嫩。魏明帝一直很好奇，也很嫉妒。因为那个时代男子以白为美。他们会在脸上施粉来追求白净的肤色。魏明帝不相信天下竟有男子这般肤白貌美，他觉得何晏一定是使用了什么高级化妆品。于是在一个三伏天，他把何晏招进宫里，并赐给他一碗热汤面，让他当场吃完。何晏没办法，只好硬着头皮吃。一边吃，一边大汗淋漓。魏明帝也真是淘气，还故意要何晏用鲜红的衣袖擦脸。魏明帝这时就"不怀好意"地盯着何晏的脸仔细看，心里得意地思忖："好你个何平叔，世人都被你给蒙骗了，今天我就要看看你的真面目。看你的粉掉了、妆花了以后，还是不是个绝世美男子。"没想到，这何晏是越擦越美，白皙的脸被红色衣服映衬得更如碧玉凝脂了。于是"何郎傅粉"这个典故后来经常被用来形容帅哥了。

在苏轼的故事里，面条是点醒苏辙的禅机；在何晏的故事里，面条是捉弄人的玩笑；而在宋代词人朱敦儒的词里，面条是神仙般悠闲生活的日常。朱敦儒《朝中措》词说："先生馋病老难医。赤米餍晨炊。自种畦中白菜，腌成瓮里黄齑。肥葱细点，香油慢爇，汤饼如丝。早晚一杯无害，神仙九转休痴。"[①]这位老先生自称患了严重的

---

① 唐圭璋. 全宋词[M]. 北京：中华书局，1965：846.

"馋病"，只有美食才能医好他的病。于是，他每天早上想的就是喝一碗红米粥，就着自家地里白菜腌成的酸菜，再来一碗银丝面，撒上葱花，淋上香油，这样的日子简直快乐似神仙了。

从麦粒到面粉，再到各式面点，形态的变化带来了食物无限的可能和丰富的味觉体验，营养却保持不变。《老子》云："吾所以有大患者，为吾有身，及吾无身，吾有何患？"[①] 当冲出思维的程式、打破外在形态的束缚，是不是就能进入更加广阔的境地？入乎其内而能出乎其外者，是为得之。苏轼在内外之间游刃有余，是因为他的豁达、通透消解了生命的固定形态。顺境里，他可以是士林敬仰、正襟危坐的苏学士；逆境下，他也可以是痛饮酣醉、鼾声如雷的苏东坡。只要心中信仰始终如一，无论命运如何坎坷，都能安之若素。

三、知识小贴士：粉末增塑成型

将面粉与一定比例的水掺和调制成面坯，再将调和的面坯进行揉和，使粉料调和均匀并充分吸收水分，将面坯制成各种形状，再经蒸、煮等过程，最终成为了一道道美味的面食。

粉末增塑成型与面粉的加工过程相似，也是通过引入有机物组元，在一定条件下使粉末体软化，能够像面条或者塑料增塑，或在高温下使粉末体软化而增塑，方便制成各种复杂形状的制品。

粉末增塑成型技术多样。可通过添加低熔点的有机黏结剂作为粉末载体，利用黏结剂有机物在一定温度下呈现黏性流动状态，然后在一定压力下使粉末体成型，如粉末注射成型、粉末挤压成型。可在高温与外加压力的共同作用下，使粉末体产生高温软化，形成黏流体后，通过塑性流动从而成型，如粉末热压、粉末热等静压等。可采用塑性加工技术，在高温作用下使具有一定致密度的粉末坯体软化，同时施加较高压力使其发生塑性变形，如粉末热锻、粉

---

① 老子[M]. 北京：中华书局，2014：49.

末热挤压、粉末热轧等。[①]

粉末注射成型是将粉末冶金技术与塑料注射成型技术相结合的一种最重要的增塑成型技术，广泛应用于三维形状特别复杂的、尺寸较小的零部件制备。其主要过程为先将粉末与石蜡、聚乙烯等黏结剂混合成喂料；然后将喂料在注塑设备中加热软化或熔融，从而具备一定的流动性；在螺杆或柱塞加压作用下快速注入并填满整个模腔，经冷却后得到成型坯；成型坯在熔剂、加热或者两者的共同作用下脱除黏结剂；在高温下将坯体烧结成为全致密的、具有所需高强度及性能的复杂产品，如手机上的金属卡托、按键、接口、摄像头以及笔记本电脑转轴、齿轮等精密零件。

---

① 范景莲. 粉末增塑近净成形技术及致密化基础理论 [M]. 北京：冶金工业出版社，2011.

第二节

造郭以守民——复合材料

一、冰沙筑城与因地制宜的智慧

话说东汉末年，刘备据荆州，连结东吴，招兵买马，积草屯粮，兴兵北伐之意渐明。而曹操欲夺取先机，谋划南征。但是大军远征，后方空虚，西凉军就成了曹操的后顾之忧。谋士荀攸向曹操献计说："西凉军确实是一个心腹大患。丞相何不招安征西将军马腾，封他一个征南将军，派他去攻打孙权。先骗他到许昌来，再想办法除掉他。"曹操依计行事。马腾接到朝廷诏令，不得不带着两个儿子和侄子马岱前往许昌，可心中却另有盘算。原来马腾曾受汉献帝衣带诏，本来是要同董承、刘备一起杀贼勤王的，可惜未能成事。这次马腾也知道曹操招安一定没安好心。与其受制于人，不如先发制人。于是，他在许昌城外安营扎寨，与前来劳军的门下侍郎黄奎商议谋杀曹操的事宜，不料被人告发，父子三人一同遇害。心腹既除，曹军开始商定南征策略。而这边东吴探听得消息，不由得发急了，只得找刘备商量对策。诸葛亮是山人自有妙计，告诉主公与东吴但可高枕无忧。他早已看出曹操是搬起石头砸自己的脚，彻底捅了西凉这个马蜂窝。等马腾的事情传回他的儿子马超耳中，曹操哪里还腾得出手来南征，西凉

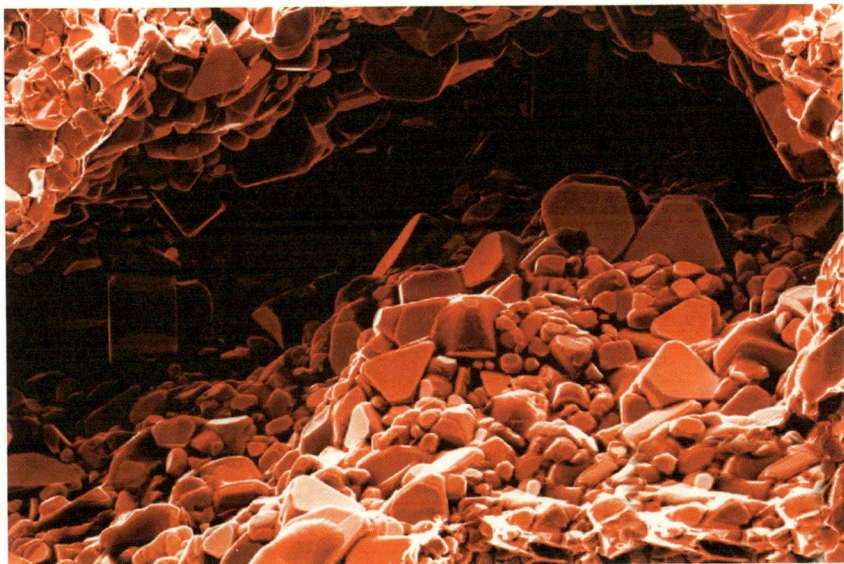

"攀岩抱桂髓，洞穴拾瑶英"

WC-Co硬质合金疲劳裂纹源

（图片来源：刘咏）

都够他喝一壶了。

　　果然，驻军西凉的马超听闻父弟遇害的消息，悲恸万分，即刻点齐军马，就要发兵许昌。西凉太守韩遂是马腾的旧友，交情深厚，闻讯也领兵来援。于是马超、韩遂二十万大军，浩浩荡荡开拔长安。长安太守钟繇只得飞报曹操。曹操派曹洪、徐晃为先遣部队，助钟繇守城，自己押粮草随后接应。曹洪是出了名的急性子，到了长安，原本还能听徐晃的劝告，守城不出。可这一日，徐晃去清点粮车，马超又派人来城楼外叫骂。曹洪气得拎刀跨马就出去应战，结果中了马超的圈套，等徐晃率兵来救，为时已晚。二人逃走，潼关失守。曹操大军到了潼关，只得在城外暂时安营。西凉军素以勇猛善战闻名，再加上杀主将之仇，士气高涨。几次交锋，曹军都溃不成军，曹操也差点落入马超手中。之后，曹操闭营不出。众将士都以为丞相是被西凉军吓怕了。而西凉这边还在不断增派后援。敌方援军越多，曹操反而越高兴。众人都不解，只有徐晃看出了曹操心中的盘算：西凉倾其所有压阵潼关，他的后方就大有可乘之机；曹军如果转头绕到西凉军后方，断其归路，马超将会腹背受敌，顾头不顾尾。果然，曹操把精锐部队分为三部分，分批渡过渭河。

在渭南县令丁斐的帮助下，曹操总算是有惊无险地渡过了渭河，不过，安营扎寨却成了一个大问题。渭水河边地势平坦，又无树木，曹军不能用树木建寨栅，只能搭建简易的营帐。这无异于袒胸露背于敌人的刀剑之前。曹操想马超一定会趁夜渡河，偷袭野营。这天夜里，马超果然杀到。两军厮杀了一夜，天明时分才各自收兵。就这样，曹军虽然扎了营，却睡不了一个好觉，每天都要东躲西藏，将士疲惫不堪。马超呢，时不时就渡河来袭扰一番，虽然不能一举歼灭大部队，但也足以使曹军不得安宁。马超去曹营就像回自家营寨一样，毫不费力。这让生性缺乏安全感的曹操简直坐立难安，伤透了脑筋。他命人将船用铁索连起来作浮桥，又把粮车穿连，挡在最外面把寨子围起来，结果被韩遂领人一把火全烧了。船只、车辆，损失惨重，曹操更是忧心如焚。关键时刻，荀攸又献一计："丞相，我们既然在河滩上，不如就地取材，用沙土筑城。"曹操一听，高兴得拍手称快："妙计妙计。立刻着三万军担土筑城。"曹操自以为这下得救了。没想到，这沙土不实，根本没办法固定成墙，一碰就倒。曹操是无计可施了。这时正是九月底，连日阴沉，阴得跟曹操的脸色一般；天气暴冷，冷得跟曹操的信心一样。

曹操整日愁眉不展，忽听得有人报："外有一老者拜见丞相，欲陈说方略。"曹操懒懒地答："请他进来吧。"进来的老者鹤发松姿，形貌苍古，曹操见了心中隐隐有几分欣喜，想着这必定是世外高人，此番有救了。于是他的态度、脸色都转和了很多，也打起了精神。因问："不知道阁下从何而来？"老者答道："我本京兆人士，隐居终南山。姓娄，字子伯，道号'梦梅居士'。今见丞相有难，特来相助。""子伯来得正是时候。我与马超交战，吃了很多次亏。现下绕道河西，欲成夹击之势，却不得筑城，大军被马超死死咬住，做不得其他打算了。"老者哂笑道："听说丞相一贯用兵如神，这回怎么计短了？沙土筑城，是得地利，若再配合天时，则眼下之围可解。"曹操仍是一脸茫然："请子伯赐教。""我看连日阴云密布，西风凛冽，一定会有冰冻。丞相可命人担土泼水，再用湿沙土筑墙，经一夜冰冻，土城自成。丞相之围可解也。"曹操幡然大悟，"先生果然妙人妙计。"说罢即刻命兵士用布袋子装土浇水，土墙果然随筑随冻，一夜之间，一个土营寨就建了起来。马超的探子把消息传回去时，马超还不敢相信，以为曹操得到了仙人的帮助。有了这座营寨，马超就不敢轻易再进犯，而曹操也可以优哉游哉地运筹帷幄一番了。最终，曹操以反间计，离间了马超、韩遂二人，击退了西凉军。

这是《三国演义》第五十八回、五十九回里讲述的故事，而历史原型则是曹操与马超的潼关之战和渭南之战。战争中对曹军的胜利起到了至关重要作用的冰沙筑城，可不是《三国演义》的虚构，而是被记载在陈寿的《三国志》中的真事。南朝裴松之在给《三国志》做注解的时候，还特地考证了一番冰沙筑城的真实性。他说，曹军是八月份到达潼关的，在闰月渡渭河，那一年正好是闰八月，所以，到了九月，是完全可能出现大寒天气的。娄圭（字子伯）的计策是天时和地利的完美配合。《孙子兵法》有云："兵者，国之大事，死生之地，存亡之道，不可不察也。故经之以五事，校之以计，而索其情：一曰道，二曰天，三曰地，四曰将，五曰法。……天者，阴阳、寒暑、时制也；地者，远近、险易、广狭、死生也。"[①]懂得利用天时、地利，伺时而动、因地制宜，这是中国古人顺应自然的智慧。就地取材，用沙土代替树木建寨，是善于变通；而用水结成冰来改变沙土的

---

① 孙子兵法[M]. 陈曦，译注. 北京：中华书局，2011：2.

特性，起到固化作用，则是点沙成铁的手笔。一个最普通不过的材料的加入，竟然带来如此神奇的变化，不仅扭转了整个战场的局势，甚至书写了历史。曹操自己曾说，如果不能打败马超，那自己将死无葬身之地。如果建安时代没有了曹操，那魏晋的历史都得改写。

娄圭的妙计究竟是怎么想出来的呢？最好的答案是来源于生活经验。通过加入其他材料来加固墙体，或者说改变单一材料的性能，使得墙体更加坚固，这是有直接经验的，那就是夯筑土墙。在原始社会中，人类都是穴居，直到有巢氏"构木为巢室"，才从山洞搬到了树巢中。上古先民夏天的时候住在树上，既可以纳凉，又能躲避走兽；冬天住在山洞，能够遮风挡雪，生火取暖。树上的房子容量有限，又不太结实，于是慢慢就开始把房子挪到地面上来。地上建房子要解决的一大问题就是怎么躲避猛兽的袭击。换句话说，就是既保证房子在高处，又有一块平整的地方来搭建。古人想到了用土堆出一个高台来。这就是《淮南子·氾论训》中说的："圣人乃作，为之筑土构木，以为宫室，上栋下宇，以蔽风雨，以避寒暑，而百姓安之。"① 筑土台，建房屋。作为根基的土台一定要稳固，所以先民就把黄土和枯草、沙石混合，用工具层层夯实、筑紧。这就是地基的前身。

在城邦形成的过程中，夯土的技术又在城墙的建筑上发挥了重要的作用。城墙的用处在于防御外敌，因而对坚固程度要求很高。坚固除了通过土墙的厚度来实现，还需加入其他的材料，比如干草和树枝等，来增加泥土的结合强度，跟我们今天在水泥里加入钢筋的道理一样。2000多年前，周宣王（前827—前782）派大将尹吉甫北伐猃狁，吉甫驻兵于古陶，并修筑夯土城墙。这就是现今仍然存世的山西平遥古城墙。秦汉时期的长城也多为夯筑土墙，里面加入了稻草、树枝来提高强度。

《孟子》有云："舜发于畎亩之中，傅说举于版筑之间，胶鬲举

---

① 淮南子[M]. 陈广忠，译注. 北京：中华书局，2011：716.

🗘 **"采得百花成蜜后，为谁辛苦为谁甜"**

选区激光熔融FeCoCrNiC高熵合金的位错胞状组织

（图片来源：宋旼）

于鱼盐之中，管夷吾举于士，孙叔敖举于海，百里奚举于市。故天将降大任于斯人也，必先苦其心志，劳其筋骨，饿其体肤，空乏其身，行拂乱其所为，所以动心忍性，曾益其所不能。"[①] "版筑"就是夯筑城墙的意思，而被孟子誉为贤者、辅佐殷商武丁安邦定国的正是一位曾经在民间夯筑土墙的泥工——傅说。筑墙之技与治国之道似乎有了一层内在的联系，这种联系应该叫作知人善用；而土墙之性与君子之德似乎也有了一种奇妙的相通，这种相通应该叫作坚忍不拔。

---

① 孟子[M]. 钱逊，译注. 北京：中华书局，2018：433.

二、客家土楼与和合而生的聚居

原始人为了抵御猛兽的袭击、集中劳动力获取食物，选择聚集居住与共同劳作的生活方式，逐渐形成了以血缘关系为联结的氏族。原始社会的聚族而居与阶级社会的分封、宗族等制度相结合，成为了华夏大地最主要的居住文化。战争，作为农耕社会的最大破坏者，动辄使得百姓流离失所。在土地肥沃的黄河流域安居乐业的中原百姓，因为战火，不得不背井离乡，重新寻找栖身之地。中国古代历史上有三次规模较大的人口向南迁徙：一是西晋永嘉之乱后的衣冠南渡，二是唐代安史之乱的北人南迁，三是宋代靖康之乱的宋廷南迁。西晋衣冠南渡主要是北方的世家大族迁居江浙，而平民百姓则经由湖北，一路流寓闽赣地区；唐代安史之乱、宋代靖康之乱造成大量的北方难民继续往南寻求乐土，他们也来到了江西、福建，部分还到达了广东、广西。这些北方流民，操着与当地土著不同的口音，保留不同的饮食习惯，被当地人称为客籍，也就是客家人的祖先。

战争虽然摧毁了安土重迁的理想，却不能改变聚族而居的文化。离开熟悉环境，沦为异乡人的难民更需要抱团取暖、齐心协力，才能在他乡生存下来。况且，流亡的同行者即便不是家人至亲，也可能是同族、同乡。心理距离的亲近感，也会使得他们选择聚居的形式。福建的客家人结合生活环境的需要，建造了一种典型的聚居建筑物——土楼。

福建多地临海，天灾人祸不断。沿海台风，威力巨大，掀毁房屋。明代倭寇为患，常有袭扰、掠夺沿海村落之举。抵御强风和强盗，都需要坚固的堡垒。众志成城，没有什么比团结更有力量的了。凝心聚力的客家人最终把聚居的土楼由长形、方形设计成了圆形。圆形的土楼外闭而内阔，外墙仅留一个主门出入，还有诸多小窗通风。楼内围出一个大的天井，为楼里居民提供活动的公共区域，兼有采光之用。内部有上、中、下三堂，沿中心轴线纵深排列。下堂为出入口，在最前边；中堂是家族聚会、迎宾待客的地方，居中心；上堂供奉祖先牌位，在最里面。土墙以黏质红土为主要原料，掺入小石子和石灰，反复捣碎、搅拌。一些关键部位还要加入煮熟的糯米和红糖，增加黏性。夯筑时，埋入杉木枝条或竹片作为"墙骨"，以增加其抵抗力。这样的夯筑方法已经跟钢筋混凝土式的现代建筑方法相近。

为了抵御外敌，土楼里还有一些机关。比如侦察外情的小孔，又比如连接内外的传声筒，等等。土楼之所以能够抵挡倭寇的入侵，不仅仅是因为本身坚固，更重要的是，当军民连心、守望相助，我们便有了坚不可摧的堡垒。虽强敌何足畏惧！历史的经验反复地证明了这一点。

土楼虽然是战争的产物，其间孕育的却是和合而生的精神。土楼里围着几代同堂的血脉传承，围着和睦共处的邻里关系，围着普通人战胜苦难的决心与智慧，循环往复，生生不息。

三、知识小贴士：粉末复合材料

先民的"土墙"，曹操的"冰寨"，福建土楼"三合土"，西藏布达拉宫"白墙"等都是复合材料的现实原型。自20世纪40年代以来，现代复合材料先后经历了玻璃纤维增强，硼纤维、碳纤维和芳纶纤维增强，高性能纤维增强等三个发展阶段。以金属基体粉末和增强体颗粒为原料，经混粉、成型和烧结等工艺过程制备的粉末复合材料是其中的佼佼者[1]。粉末复合材料的制备过程包括粉末筛选、基体粉末与增强体颗粒混合、粉末压制、热压和后加工等步骤[2]。其优势在于金属基体和增强体颗粒的种类和尺寸可自由选择，各原料特性得到

---

[1]　张发云，闫洪，周天瑞，等. 金属基复合材料制备工艺的研究进展[J]. 锻压技术，2006，31(6)：100-105.

[2]　刘彦强，樊建中，桑吉梅，等. 粉末冶金法制备金属基复合材料的研究及应用[J]. 材料导报，2010，24(12)：18-23.

充分发挥，可通过多种颗粒的协同作用提升材料性能[1]。

硬质合金被誉为"工业的牙齿"[2]，作为切削"利器"，打磨"神器"，钻掘"先锋"，在刀具加工、石油开采、模具和精密轴承制造等领域广泛运用。将高硬度难熔碳化钨粉末与钴粉末以一定比例均匀混合，加压成各种形状，在真空炉或氢气还原炉中烧结制备而成的硬质合金，具备高硬度、高强度、耐高温和高耐磨等优良特性。

电工合金则是粉末复合材料的另一重要应用。电工合金主要包括电触头材料、磁性材料、热双金属、测温材料、电热合金、导电材料和熔体材料等。其中，电触头材料是典型的粉末冶金材料，广泛用作开关、继电器及电器连接元件，其性能直接影响高压电路的质量及使用寿命。以铜铬触头材料为例，其制备过程为先将电解铜粉和铬粉混合，之后在一定压力下成型，并将压坯置于真空或还原性气氛环境，在略低于铜熔点的温度烧结致密化。铜铬触头材料具有良好导电导热性、耐机械磨损性、抗电弧腐蚀性和抗熔焊性等综合性能。

① 吴玉城. 金属基复合材料典型制备方法分析[J]. 中国科技博览，2011(34)：545.
② 张卫兵，刘向中，陈振华，等. WC-Co硬质合金最新进展[J]. 稀有金属，2015，39(2)：178-185.

第三节

铠甲为衣裳——防护材料

一、防身铠甲与同仇敌忾的爱国精神

楚庄王八年（前606）春，楚国大军北上，以"勤王"名义攻打陆浑之戎，直抵周天子都城洛邑附近。楚庄王观兵于周疆，问鼎于中原。楚庄王十七年（前597），晋楚邲之战，楚国大获全胜，取代晋国登上春秋霸主地位。可没过多少年，楚庄王开创的霸业就毁在了他的孙子楚平王手上。

楚平王在公元前528年继位。他宠信奸臣费无极，干了不少荒唐事，头一件就是抢了自己儿子的未婚妻。

楚国为了联合秦国制约晋国，进行了政治联姻——楚国太子建迎娶秦国公主孟嬴。楚平王派亲信费无极前往秦国迎亲。费无极向楚平王百般夸赞孟嬴的美貌，于是君臣俩就谋划用一名齐女冒充秦国公主，嫁给了太子，而孟嬴则成为了楚平王的夫人。费无极自知得罪了太子，便百般构陷，挑唆楚平王杀太子，太子只得逃往他国，但太子太傅就没那么幸运了。费无极视时任太子太傅的伍奢为眼中钉，必欲除之而后快。他还跟楚平王说，伍奢有两个儿子，都很有本事，如果不斩草除根，一定会有后患。于是楚平王就以伍奢为人质，派人召他的两个儿子进宫。小儿子伍员知道此去不仅不能救出父亲，还会搭上自己性命，于是他劝哥哥不要去。哥哥伍尚说："我也知道我们去了不但救不了父亲，还会自投罗网，但是要我丢下父亲不管，我实在做不到。咱俩要分工：你一定要逃走，留着性命给父亲报仇；就让我去陪伴父亲吧。"伍奢早就料定小儿子会逃走，当看到伍尚一个人被擒进宫来的时候，他感叹道："楚国这下子要陷入战争之苦了。"楚平王杀害了伍奢、伍尚父子，逼得伍员带着父兄之仇，奔逃到吴国，为楚国埋下了一个祸根。

逃到吴国的伍员就是辅佐吴王阖闾的伍子胥。伍子胥向吴王举荐了熟谙兵法的孙武，又助吴王富国强兵，一切都在为攻打楚国、替父

"阡陌纵横万亩连"

Al-Cu合金固溶时效过程中析出的纳米强化相

（图片来源：宋旼）

兄报仇做准备。数年间，吴国不断吞并楚国的附属小国和边境城邑，步步紧逼。终于，公元前506年，阖闾联合唐国、蔡国，大举伐楚。阖闾的弟弟夫概亲自率军，一路进攻，直逼楚国郢都。郢都被吴军攻占，楚昭王出逃随国。都城告破，国君出逃，楚国处于倾覆的边缘。

伍子胥当初逃离楚国的时候，曾跟他的好朋友申包胥发誓说："我将来一定要报父兄之仇，灭了楚国！"申包胥虽然也很同情他的遭遇，但毕竟君国大义在前，他说："如果有一天你真的要灭了楚国，我一定能复兴它。"没想到这一天真的就来了。而准备不顾一切营救楚国的果然是申包胥。

等安顿好了楚昭王，申包胥就马不停蹄赶去秦国搬救兵，乞求秦国派兵助楚驱吴。他对秦哀公说："他们吴国就像是野猪一样，鲁莽无礼，像毒蛇一样心肠歹毒。他们攻入郢都后，烧杀抢掠，无恶不作。欺人妻女，夺民财物，辱我国君。楚国还只是个开始，吴国侵吞中原之心已是昭然若揭。现在我的国君失去了国土，流落在乡间荒野，特派下臣前来报信。夷狄贪得无厌，如果他们做了您的邻居，那下一个遭殃的就是秦国了。楚国就是前车之鉴。如果秦王您任由吴国壮大，那您的边境就会多出一大祸患。您何不趁吴国还没有在楚国站稳脚跟，先发制人呢？如果楚国就这样灭亡，那么国土就成了您的领地。如果祖先保佑，楚不至于灭国的话，我们也会世世代代感念您的大恩，以秦国为尊。"

究竟发不发兵，秦哀公也没有想好。发兵呢？毕竟是别人的事，战火也没有烧到自己的土地上来，劳师动众有点不值；不发兵呢，申包胥说的又确实有几分道理。于是他对申包胥说："来使的意思我已经知道了。你一路也辛苦了，就在驿馆里好好休息几天，待我和大臣们商量定了，再派人去通知你。"申包胥哪里肯听："小臣的国君现在正流亡在外，没有安身之处，我又怎么能自己去享受安逸呢？秦王但请商议，就允许我在此等候吧。"说罢，申包胥就站在大殿外的走廊里，放声痛哭起来。一连七天，不吃不喝。秦哀公被这位臣下的忠心给打动了。更何况，楚昭王正是秦国公主孟嬴之子，也算是半个秦人。所以，哀公最终决定出兵。他对申包胥唱了一首秦地的歌谣："岂曰无衣？与子同袍。王于兴师，修我戈矛，与子同仇！岂曰无衣？与子同泽。王于兴师，修我矛戟，与子偕作！岂曰无衣？与子同裳。王于兴师，修我甲兵，与子偕行。"申包胥听懂了：这是秦军出征前唱的鼓舞士气的军歌啊！他知道哀公答应出兵了！楚国有救了！于是一连叩了九个头来拜谢秦王。

秦哀王唱的这首歌叫《无衣》，收录在《诗经》里。歌词说的是即将奔赴战场的将士们，修整兵器、盔甲，同仇敌忾、齐心协力，抵御外敌。秦人尚武，战斗力在春秋战国时期是出了名的强大。那么，秦人有哪些厉害的装备、武器呢？今天的出土文物和文献已揭示了答案。出土文物当然以秦始皇陵兵马俑最有说服力。在秦始皇陵最常见的手持兵器是戟和弩，防护装备则是铠甲。铠甲是秦军战斗力高的重要原因。据统计，秦始皇陵中出土的兵马俑披甲率超过80％。要知道，唐代兵书《神机制敌太白阴经》里面记载，唐军的披甲率也才60％。湖南湘西出土的里耶秦简进一步证实了秦军的高披甲率。一份简牍中记载着迁陵县的武器库里存放的武器、装备数量，由此估算出披甲率大概在74％。这是秦朝的情况，那春秋时期的秦国呢？从《无衣》里的"修我甲兵"来看，甲应该早就是秦军的重要装备了。

春秋战国时期的甲主要材质是皮革。《荀子·议兵》云："楚人鲛革犀兕以为甲，坚如金石。"[①]就是说用兽皮作甲。甲最早出现在夏代，以藤、叶、木及兽皮制成。西周开始用大块的牛皮拼接连缀成甲，也有布甲。随着冶铁技术的发展，慢慢也出现了用铁片来做甲，如河北易县燕下都遗址出土有战国铁甲。秦始皇陵附近的秦代古墓还发现了石甲。到了汉代，铁甲逐渐取代了皮甲，也有了新的名字，叫铠。曹植在《先帝赐臣铠表》中提到了东汉时期一些铠甲的名称，有

---

① 荀子[M]. 方勇，李波，译注. 北京：中华书局，2011：242.

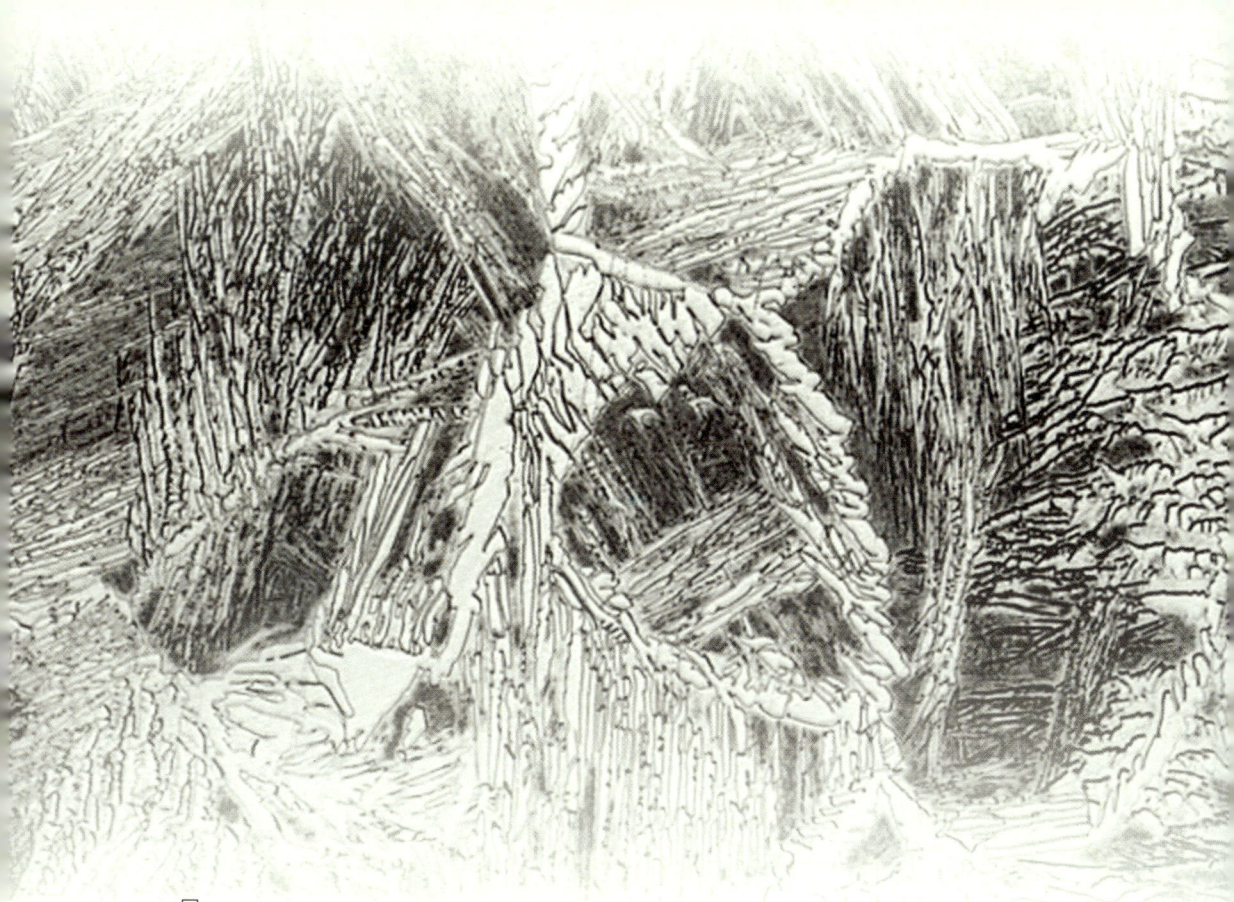

🈹 "会当凌绝顶，一览众山小"

粉末冶金Ti-Mo合金显微组织

（图片来源：汤慧萍）

黑光铠、明光铠、两当铠、赤炼铠、马铠等。这些铠甲不仅在材质上有了很大的进步、款式变化增多，防护功能也大有发展。南北朝、隋朝时代的铠甲主要有筒袖铠、两当铠和明光铠。宋代的铠甲是中国历史上最重的铠甲之一，根据《武经总要》记载，北宋的步人甲由铁质甲叶用皮条或甲钉连缀而成，属于典型的札甲。元代铠甲有柳叶甲、铁罗圈甲等。铁罗圈甲内层用牛皮制成，外层为铁网甲，甲片相连如鱼鳞，箭不能穿透，制作极为精巧。清代大量使用的铠甲是绵甲，是在坚厚的绵或绢的布料上镶嵌有铁片，并用铜钉固定的一种铠甲。

战场上的铠甲要抵御真刀真箭，难免厚实笨重，但小说里的铠甲就怎么隐蔽怎么机巧怎么来了。《西游记》里有两副特别的甲，一副是孙悟空在西海龙王那里讹来的黄金锁子甲。锁子甲是由铁丝或铁环套扣缀合成衣状，每环与另四个环相套扣，形如网锁，可以有效防护刀剑枪矛以及弓箭等利器的攻击。还有一副是隐形的铠甲，那就是朱紫国王后身上穿的五彩霓裳。原来，王后被妖怪赛太岁掳走，张道陵天师唯恐王后被妖怪玷污，就将自己的旧棕衣变作五彩霓裳让王后穿上，只要妖怪碰到这件衣裳，就会被衣服上的毒刺刺伤，所以妖怪根本不敢靠近王后。这不就是一件顶厉害的铠甲吗？《射雕英雄传》里的软猬甲同样是一件宝物，不仅刀枪不入，还可防御内功的伤害。甲胄表面满布倒刺钩，如果伸掌攻击，就会被倒钩刺伤。这件稀罕物被东邪黄药师当成定情信物送给了妻子冯氏，冯氏去世就留给了女儿黄蓉。黄蓉就是因为穿着它，才躲过了杨康的算计。《鹿鼎记》里从鳌拜家里查抄出来，又被韦小宝据为己有的也是这种软猬甲。

武侠小说里还创制了一门武功叫金钟罩，这是内家功夫。理论上来说，是通过刚正之气与内力来保护身体不受外物的物理伤害。其实，这就是无形之甲，有没有武林高手真的练成过刀枪不入、入水不溺、入火不焚的护体神功不得而知，但是提升体内正气、修养内德却的确能起到强大自身的作用。"天行健，君子以自强不息。""壁立万仞，无欲则刚。"这些其实都是懿德高风给人穿上的无形之甲，能避免人德行败坏，心魔滋生。

二、耀光金甲与骤胜而骄的失败教训

随着技术的不断进步，铠甲的材料与制作工艺也不断提高，皮甲、布甲逐渐被铁甲、铜甲取代。但坚硬结实的金属铠甲却并不见得一定是胜利的保障。《无衣》里的皮甲武装的是同仇敌忾、保家卫国的勇士，而前秦苻坚的金甲银枪，装饰的却是骄奢淫逸的欲望。

晋永和九年（353），王羲之与世家子弟修禊于会稽山之兰亭。而此时的北方，由氐族人建立的前秦政权正在迅速地崛起。公元349

年，后赵暴君石虎去世，北方陷入混战。351年，氐人苻健称王，对东晋构成威胁。公元357年，苻坚取代苻健之子，即秦王位。

苻坚即位后励精图治，对内整顿吏治、惩处豪强；对外先后灭前燕、前仇池国。苻坚之所以能够稳定与发展前秦，主要因为他重用汉臣王猛。苻坚曾感慨，他有王猛，就像是周文王有姜太公的辅佐，自己可以高枕无忧，乐享清福。

只可惜，替苻坚廓清弊政、图谋统一的王猛积劳成疾，一病不起。苻坚过府探望，缠绵病榻的老臣还挂念着朝堂和君上。王猛劝谏苻坚道："陛下您威震八方，德化六合。九州之地，您占了十分之七；平燕定蜀，也是轻而易举，足见您的圣明。但老臣还是要提醒陛下，善作者未必善成，善始者未必善终。创业不易，守成更难。恳请陛下不要懈怠，守住这份功业，那就是天下之幸了。"苻坚连连答应。王猛弥留之际，还在叮嘱苻坚："陛下，晋虽偏居江南，但仍是华夏正统，天命所在，切不可试图灭晋。鲜卑、西羌不是真心归顺，空成后患，应尽早图之。望陛下念及老臣一片忠心，切记……不可……伐晋……"王猛去世后，苻坚还是继续施行王猛所制定的政策，又灭掉了北方两大强国——前凉、代国，实现了北方的统一，国家实力也进一步增强。

可是，在王猛去世后的第7年，苻坚在太极殿召见群臣商议："我继承大业也快三十年了。现在北方尽归我秦，只有东南一角，还没有受我大秦的教化。我大致能有近百万兵力，准备亲自东伐。你们意下如何？"没想到众臣激烈地反对，"陛下，王公遗言犹在，晋气数未尽，君臣和睦，况有长江天险庇佑，我们不能轻举妄动啊！""天命？偏居东南，敢言天命？君臣和睦，人才济济？难道我大秦没有？长江天险更是不在话下。我一声令下，所有士兵把马鞭投进长江，就可以让它断流。在我百万将士面前，长江又有什么好怕的？"苻坚一意孤行，终于在公元383年把王猛的遗言抛诸脑后，亲自东伐。

秦军先攻占寿阳，随后又与晋军交战于洛涧。晋军将领刘牢之斩杀秦军大将，击溃数万大军。晋军继续西行，与秦军对峙淝水。就在淝水，谢玄以七万部众渡水偷袭，大乱秦军阵脚，斩杀秦军主将苻融，战胜了数倍于己的秦军，谱写了军事史上著名的以少胜多的战例——淝水之战。交战双方军事力量悬殊，结果却出现了出人意料的反差。出征前，秦王苻坚雄心勃勃，不顾众臣反对，不惧长江天险。可洛涧一战，苻坚被打得信心尽失。他站在寿阳城头，观望晋军动静，见北面山上草木摇晃，以为是晋军密布，不敢轻敌。淝水一役，苻坚仓皇败退，听到风声鹤唳都以为是晋人的追兵。

苻坚可不是一个昏庸无能的君主。他胸怀大略、有勇有谋，不仅具备军事才能，还能爱护军士，他会把金玉绸缎分赏给有功的将士，而自己却粗茶淡饭，厉行节约。可这样的秦王后来怎么就变成了草木皆兵、风声鹤唳的尿包了呢？

王猛去世之后，苻坚重用了后赵将作功曹熊邈。熊邈不断在苻坚耳边言及赵王石虎那些珍宝器玩，苻坚渐渐有了物欲与享乐之心。他封熊邈为将作长史，命他大修舟舰、兵器，而这些舟舰与兵器却并不是为战争准备，而是用金银来做装饰，看起来极为精巧，苻坚还命熊邈造了金银细缕铠，豪奢之极。

晋代铠甲以锁子甲为主。"铠如环锁，射不可入。"锁子甲一般是用铁丝制成铁环，套扣缀合成衣服状，环环相扣，形如网锁，普通的弓箭很难射穿。但金银相对于铁要软，于防御并无特别的益处，甚至远不如铁甲的坚固度。因此，苻坚的金银甲是徒有其表，而不能上阵御敌的。

苻坚的失败当然不能简单归咎于金银细缕铠的制作，但细节往往是大局的体现。早期的苻坚重用王猛，君明臣贤、君臣相得，既有远略亦有近谋，在他们二人周围逐渐集结了吕婆楼、强汪等一时之俊秀，国力增长迅速。王猛去世后，苻坚日益膨胀，对内外形势的把握均失于轻率。苻坚率领原本弱小的氐族迅速兴起，虽然短时期内统一了北方诸多民族，但这些灭国之族依然各怀自谋兴国之志，凝聚力十分薄弱。例如鲜卑族大将慕容垂先是不顾其他大臣反对，力劝苻坚攻晋；淝水战败后又趁机进一步谋求复国，终于成为后燕开国皇帝。慕容氏的反叛与强大进一步陷前秦于孤危之境。

　　屡胜而骄，缺乏坚忍的精神与清醒的判断力，是苻坚迅速走向灭亡的重要原因。虽然豪奢的金银细缕铠只不过是其思想蜕变的细枝末节，但千里之堤溃于蚁穴，从赏赐将士金银，到用金银装饰兵器、铠甲，材料在苻坚的手中变质了，苻坚在物质面前忘了本。司马光说："坚之所以亡，由骤胜而骄故也。"苻坚在王猛的辅佐下，一路过关斩将，屡战屡胜，最终统一了北方。不过也正是因为这些胜利，使得苻坚逐渐滋生了骄矜之心。他不仅逐渐忘记了忠臣的嘱咐，也再没有卓绝之人为他出谋划策，及时提点与劝谏了。失去王猛的苻坚，也逐渐失去了贤德与卓见，就像失去了防御能力的铠甲。"金甲耀日光"，苻坚已经不知道能让铠甲熠熠生光的不是金线的连缀，而是紧紧联结在一起的人心。

三、知识小贴士：防弹材料

　　"剑戟不离手，铠甲为衣裳。"古代将士出征会身着铠甲，抵御刀剑伤害。在冷兵器时代，用作个体防护的材料一般包括金属、皮革、织物及其混合体等，统称为铠甲。现代战争中，铠甲的功能已被防弹材料和装备取代。

　　防弹材料从"以刚克刚"的金属防弹时代到"以柔克刚"的合成高分子时代，再到"刚柔并济"的复合防弹材料时代，向着质轻、舒适、低成本、多功能、高性能的方向发展。第一次世界大战期间，英国军队发明了用金属片制成的鳞片式防弹服，而德国军队使用了挂肩金属板作为刚性防弹衣。聚酰胺合成纤维（锦纶）于1938年问世，防弹材料开始由硬质向软质转变。而1965年美国杜邦公司发明的芳纶

---

① Scott R A. Textiles for Protection[M]. Cambridge：Woodhead Publishing Ltd，2005.

169

"凯芙拉(Kevlar)"[①]，大幅提升了强度、拉伸性能和断裂韧性，对高效防弹材料的研制具有革命性意义。随着粉末冶金技术的应用和进步，能够提供新的材料和技术，为现代高性能防弹材料的发展提供了强有力的技术支持。例如，碳化硼陶瓷防弹材料就是典型的粉末冶金制品。此外，自然界的一些生物为了应对恶劣的自然环境，优胜劣汰进化出了天然防护盔甲，如贝壳、骨头、鱼鳞等，为设计防弹材料提供了一条新思路，即仿生防弹复合材料。以采用粉末冶金方法制备 Al_2O_3/Al 仿贝壳层状复合材料为例，首先通过球磨将球状铝粉微轧得到片状铝粉，然后置于空气中使片状铝粉表面自然生成一层 Al_2O_3 薄膜，带有 Al_2O_3 薄膜的 Al 片在自然重力作用下趋于平行排列，再通过冷压、烧结、挤压等致密化工序得到致密的 Al_2O_3/Al 纳米层状复合材料。采用粉末冶金方法制备的仿贝壳复合材料，在形态上与贝壳非常相像，具有优异的强度、韧度等综合力学性能。

第四节

胸中有丘壑——增材制造

一、聚米为谷与三维地貌的雏形

公元9年，王莽建立新朝，结束了西汉的历史。公元23年，绿林军攻破长安，王莽死于乱军之中，新朝覆灭。多方起义军纷纷圈地夺权。汉代皇室后裔刘秀于公元25年称帝，定都洛阳，光复汉室，史称东汉。刘秀继位后，继续平定内乱，经过六年的东征西讨，消除了河北、关东等割据势力，掌握了除陇右和巴蜀之外的中原之地，与西南巴蜀的公孙述、西北陇右的隗嚣形成了三足鼎立之势。

公孙述是王莽新朝时期的蜀郡太守，建武元年（25）在蜀称帝。隗嚣，出身陇右大族，新朝末年，受族人拥戴，领兵起事，兴汉灭莽，从此割据陇右。陇右和巴蜀都是地方豪强，势力根深蒂固，又有天险之隔，刘秀疲于中原之战，因此对陇右和巴蜀采取了讲和招安的策略。当时刘秀与公孙述都已经自立为王，而隗嚣就成了两国争相拉拢的对象。隗嚣自知羽翼未丰，必得归附一家。至于到底选哪一家，他派了一个自己最信任的人去两国打探虚实。这个人就是马援。马援是扶风人，公孙述也是扶风人，二人是同乡旧友。所以马援的第一站自然是去了巴蜀。

到了蜀宫的马援原以为他的老朋友会亲切地拉着他的手，聊天叙旧，促膝深谈。结果没想到，公孙述召他的侍卫在大殿列好队，这才命人宣马援进殿。大殿之上，马援刚要开口，旁边的侍官又提醒马援依礼朝拜，马援只得行礼。礼毕，马援再要说话，只听得公孙述说道："带使者去使馆休息吧。"这一句"使者"让马援的心凉了半截，他算是看清楚了，公孙述根本没有叙旧的打算，他一开始就把君臣的界线划得清清楚楚。马援也就没再说什么，他倒是要看看，接下来公孙述究竟怎么安排自己。到了使馆，就有人开始来为马援量身制衣，说是王上旨意，要给他做一套官服。待官服做好，再引马援会见百官。马援看到公孙述出行的仪仗极尽奢华，又繁文缛节，心中鄙夷。所以，公孙述要给他封侯拜将，被他拒绝了。他知道，天下局势还未定，公孙述就急着摆起皇帝谱来了，不知道爱惜人才，反而装腔作势，这个人必定不是一个有大志的人。于是他回去以后对隗嚣说："公孙述是个井底之蛙，没什么出息的，您还是考虑归顺东边的刘秀吧。"

隗嚣就派马援再去了洛阳。马援到洛阳的待遇与巴蜀时就大不相同了。刘秀在宣德殿接见了马援。刘秀知道马援先去了巴蜀，于是说："游走在两帝之间，真是难为先生了。我真是惭愧，如果我有德，又怎么会劳累先生多番奔走呢？"马援也听懂了刘秀的意思，解释道："当今的世道，不仅是君主选择臣下，臣下也可以选择君主。我多走走看看，也能长长见识。我和公孙是旧友，所以就先去了他那儿。不过，我去看他，他先召来了侍卫，才让我进去。今天在陛下这里怎么没有看到侍卫呢？陛下不担心我是刺客奸人吗？"刘秀笑着说："先生不是刺客，是说客。"马援这回看到了真正的帝王气象，心悦诚服。他回到陇右告诉隗嚣，刘秀恢宏大度，堪比高祖，是天选之人。隗嚣看到马援对刘秀评价这么高，心里有点吃味，也隐约感觉到了什么。不过他还是相信马援的眼光，如果公孙述、刘秀非得二选一的话，那就选刘秀吧。于是隗嚣归顺了刘秀，并且把儿子送去洛阳为人质，派马援跟着去保护。

当然，隗嚣的归顺不过是缓兵之计，作为一方诸侯，又岂能甘心屈居人下呢？所以，他虽做着光武帝的臣子，却仍然拥兵自重，不肯听朝廷驱使。公孙述遣兵侵犯南郡，光武帝下诏令隗嚣领兵伐蜀，隗嚣却说从陇地入蜀的山路十分险阻，那可去不了。光武帝只得派耿弇等将军借道陇右伐蜀。隗嚣又怕大军入境，其中有诈，率兵把道路堵塞，并且打算杀掉前来宣旨的大臣。这下隗嚣算是正式跟光武帝撕破了脸。于是他索性转而投靠了公孙述。在洛阳的马援知道了，屡次写信去劝他，告诫他不要作茧自缚。隗嚣哪里肯听，他早就认定马援已经投靠了刘秀，不再跟自己一条心，而是处处维

诗 "朔气传金柝，寒光照铁衣"

硬质合金组织的纳米压痕

（图片来源：刘咏）

护刘秀，替刘秀说话了。

建武八年（32），刘秀建立东汉政权的第八个年头，终于下定决心统一全国。首先要解决的地方势力就是陇右，光武帝亲自率军征讨隗嚣。当大军走到漆县（治今陕西彬州）时，将领们都劝光武帝不要再往前了，因为他们之前与隗嚣作战，都吃过亏。陇右地貌复杂，这里高原上塬面破碎，沟壑密布，又有泾河穿塬而过，分割成东北、西南两塬夹川道，山大沟多塬窄长，易守难攻。熟悉地形的陇右军，神出鬼没。而跟随光武帝的大将大多都是从春陵军中出来的，他们和光武帝一样长期生活在荆楚的丘陵地区，对黄土高原十分陌生。光武帝也十分犹豫，正当他犯愁的时候，马援求见。光武帝连夜接见了马援，向他请教这场仗的战略、战术。马援也直奔主题，首先分析了目前隗嚣军中的形势。

原来，自从隗嚣归附公孙述以来，帐下有识之士已经走了十之七八，隗嚣现在不得人心，正是攻讨的好时机。光武帝和众将领们听了，顿时多了几分信心。接着，马援就开始讲述他排兵布阵的具体想法。可是，他说着说着，发现光武帝和将领们脸上的笑容渐渐消失了，大家大眼瞪小眼，好像都没太明白自己在说什么。马援意识到可能是他们对地形不熟，于是他又命人铺开地图，在地图上一边指画一边讲。可是光武帝还是一脸懵：为什么地图上明明紧挨着的地方，却要绕道行军一天一夜呢？这不是让将士们白白浪费体力吗？原来啊，高塬被沟壑阻隔，两个看似很近的地方，要走过去，那还有很远的路呢。怎么让大家听得更明白呢？

马援想到了一个好办法，他命人扛来了一袋米，把米撒在桌子上，有的归拢筑高，有的拍扁压平，有的分成两堆，就做出了高塬、丘陵、沟壑、河流等诸多地貌。光武帝这下子总算看明白了。他说："陇右的地形都在我的眼里了。"第二天，光武帝挥军直进，直捣陇右腹地，隗嚣大将十三人及部众十万余人不战而降。

马援的急中生智，聚米为谷，就是早期三维地图的雏形。相较于平面地图的发展，马援"聚米为谷"的立体地形图并没有在中国古代得到更多的运用。有可能是因为立体地形图制作难度较大，较难保存。还有一种原因，可能是平面地图基本能够满足军事、政治的需求。长沙马王堆三号汉墓出土的《长沙国深平防区地形图》，代表了汉代地图学的发展水平。图中包含了山脉、水文、交通、居民聚集点等详细信息，所描绘的河流、山脉走向与现代基本一致。而西晋河东闻喜人裴秀提出了地图绘制的"制图六体"原则，即地图绘制的六个要素——比例尺、方位、距离、相对高度、坡度、实地距离与平面距离换算，制图理念已经十分先进。因此，虽然是平面地图，其实丘壑已经自在胸中。马援让平躺的纸上江山立了起来，他敲开了一扇门，但门里面的世界终究留给了两千年后的人去继续探索。

二、禹定九州与华夏一体的渊源

马援的"聚米为谷"是军事上的一大创举，是后世作战沙盘的原型。但地图其实是早已有之的，只不过其形态相较于马援的米图要更

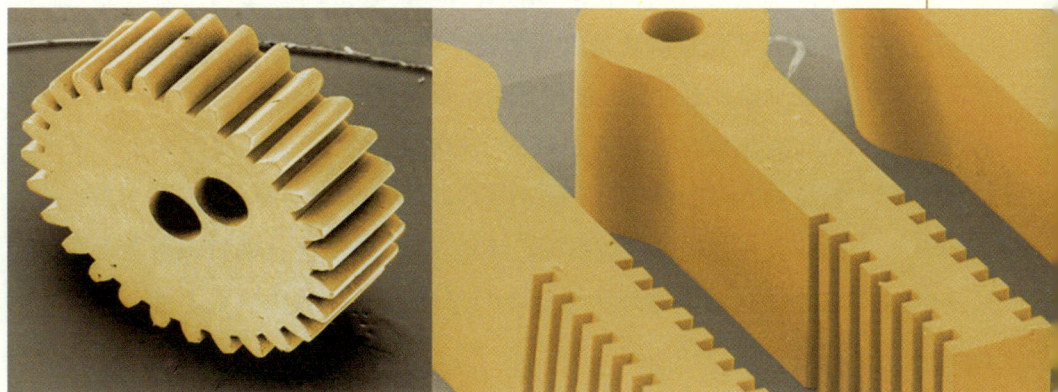

"人间巧艺夺天工"

凝胶注模法制备的压电陶瓷微零件

（图片来源：张斗）

加奇特，那就是鼎。

有一个大家都耳熟能详的成语叫作"问鼎中原"，说的正是春秋霸主之一的楚庄王觊觎天下的野心。楚庄王去朝拜周天子，对接待自己的天子使臣说："也不知道这天子的九鼎究竟大小、轻重如何哦。"使臣回答说："天子之所以是天子，是因为有德，而不是有鼎。若是有德，即使鼎小，也重得无法挪移；若是无德之君，纵使九鼎再大再重，也会易主。如今周王仍是天命所在，尔等无德小人哪里有资格问九鼎之轻重？"楚庄王被说得无言以对。

那么，为什么天子才能拥有九鼎，而九鼎的转移又意味着政权的更替呢？那是因为，九鼎原本是地图，也就是国家的疆界，代表着统治的权力。根据《左传》的记载，夏朝铸鼎，原料来自各地所献的铜材，鼎上图案也是代表各地风物。那又为什么是九个，而不是八个、十个呢？那是因为夏代疆域分九州。《尚书·禹贡》曰："禹敷土，随山刊木，奠高山大川。"[①]大禹治水十三载，用自己的足迹丈量了中国的土地，走遍了山河，他把天下划分为九州：冀州、青州、豫州、扬州、徐州、梁州、雍州、兖州、荆州。传说各地献上铜材，助大禹筑成代表各州的鼎，这就是九鼎的来历。虽然九鼎究竟是夏禹还是夏启所铸，尚有争议，但是九鼎在夏朝成为了国之重器、至上权力的象征则是毋庸置疑的。

九州划定，边界、版图才清晰起来，天下才成为真正意义上的天下，国家才得以诞生。所以，《太史公自序》有言："维禹之功，九州攸同，光唐虞际，德流苗裔。"[②]九州的行政所辖，在历代虽有变化，但地理区划与今天差别不大。可见华夏之州、九州之民自古一体。

虽然《禹贡》篇的成书时间尚有争议，但也说明，战国时期关于

---

① 尚书[M]. 王世舜，王翠叶，译注. 北京：中华书局，2012：242.

② 司马迁. 史记[M]. 北京：中华书局，2006：761.

华夏大地山川、地形、土壤、物产等地理情况都已经有了明确的了解和完整的记载，并且能够绘制成图。《战国策》里记载的"荆轲刺秦王"的故事，荆轲假装投诚秦王，进献的正是燕国地图。

秦始皇灭六国，有了九州一统的地图。汉武帝文韬武略，又将秦朝的版图扩展了一倍。唐代控制了漠北、西域地区，鼎盛时期疆域东至朝鲜半岛，西达中亚咸海，南到越南顺化一带，北包贝加尔湖。随着版图的不断拓展，国人的眼界也在不断开阔。明代末年，意大利传教士利玛窦将西方经纬度制图法带到了中国，并绘制世界地图《山海舆地全图》，帮助国人立足华夏而知晓了世界。

三、知识小贴士：增材制造技术

马援"聚米为山谷，指画形势"的创意，在一千多年以前的大洋彼岸被一个名叫Joseph Blanther的美国人用另一种方式再现了。他也在地图制作上做起了文章：通过在一系列蜡板上压印地形等高线，然后切割蜡板，将其层层堆叠之后，进行平滑处理，制成了三维地图。这种层叠成型、累积制造的思想后来逐步发展，甚至掀起了一场制造业的革命，那就是增材制造技术。

增材制造技术利用计算机将待成型零件的三维模型切成一系列具有一定厚度的"薄片"，通过计算机控制，自下而上地制造出每一层"薄片"，并叠加成三维的实体零件，能够实现复杂形状零部件快速精准的"自由制造"[①]。因此，增材制造也常被形象地称作"3D打印""快速原型制造"或"实体自由制造"等。相比于传统切削加工方式，增材制造具有实现高复杂结构的快速制造、适合个性化定制、

---

① 张学军，唐思熠，肇恒跃，等. 3D打印技术研究现状和关键技术 [J]. 材料工程，2016，44(02)：122-128.
卢秉恒，李涤尘. 增材制造（3D打印）技术发展 [J]. 机械制造与自动化，2013，42(04)：1-4.

简化装配过程、设计自由度高、多种材料组合等诸多优势[①]，在航空航天、消费电子、汽车、医疗、建筑、食品、服装甚至艺术行业都得到了广泛应用。

耐克公司于2013年推出了第一款3D打印的足球鞋Vapor Laser Talon Boot。该技术首先在计算机上绘制鞋底的三维模型，并通过软件生成对应的数据图像文件；然后采用高能脉冲激光将粉末材料逐层烧结成型，构成整个鞋底；最后对鞋底进行打磨上色等后处理。3D打印制造的跑鞋不仅拥有炫酷的外观，还能提升足球运动员在前40米的冲刺能力。

增材制造的发展掀起了制造领域的热潮：从3D打印到随时间或外场可变的4D打印；从单一零部件到功能一体化的产品组件一次成型；从单一塑料金属到多种材料复合和生命有机体的打印；从微纳米尺度到数十米的建筑物打印。增材制造作为一项颠覆性的制造技术，其应用领域不断扩展。我们甚至可以设想，未来有一天我们能够自由精准地实现原子的操控，那直接将不同种类的原子作为3D打印的单元，又可以设计出一个怎样的新世界呢？

① 王雪莹. 3D打印技术与产业的发展及前景分析 [J]. 中国高新技术企业，2012(26)：3-5.

李小丽，马剑雄，李萍，等. 3D打印技术及应用趋势 [J]. 自动化仪表，2014，35(01)：1-5.

第五章

百年宇宙登临壮

——强国梦与现代粉末冶金

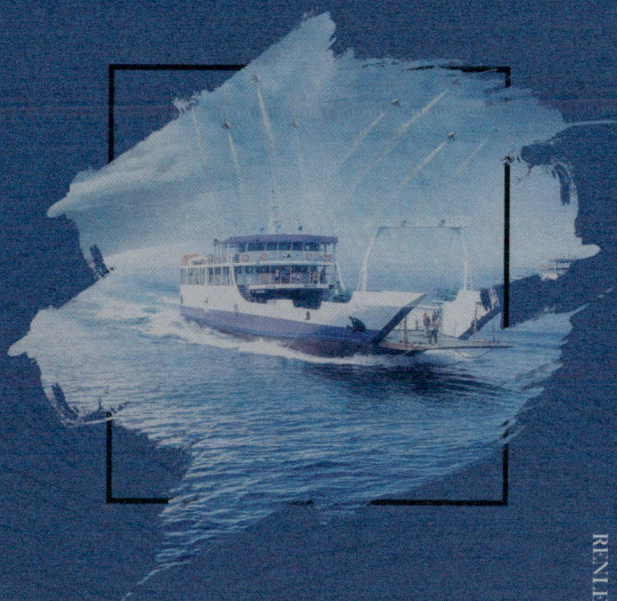

第一节

欲上青天揽明月——飞天梦的实现之旅

一、仙凡交织的嫦娥形象与飞天初心

著名哲学家康德有一句名言：

世界上有两样东西能深深地震撼我们的心灵：一样是我们心中崇高的道德准则，另一样是我们头顶灿烂的星空。

宇宙是人类探索的永恒主题。千百年来，人类一直渴望解开宇宙的奥秘，寻求宇宙和人类的起源，探索天体的运动和演化规律，并把获得的真知应用于人类的生产和生活，实现人类社会的持续发展。

1969年7月20日，美国宇航员尼尔·阿姆斯特朗从"阿波罗11号"飞船登月舱走出，登月终于从人类的梦想变成了现实。

上九天揽月，也一直是中国人的梦想，从"嫦娥奔月"到敦煌"飞天"，从屈原的"天问"到明朝幻想家万户的首次飞天尝试，中国人的飞天梦想几乎与我们这个古老民族的沧桑历史一样久远。

在上古神话故事里，华夏先民就在构建登月梦想，并成功塑造了中国奔月第一人形象——嫦娥。《淮南子·览冥训》载：

羿请不死之药于西王母，恒娥窃以奔月。怅然有丧，无以续之。[1]

---

[1] 何宁. 淮南子集释：卷六[M]. 北京：中华书局，1998：501.

"嫦娥"原名"恒娥",也叫作"姮娥",后来为避汉文帝刘恒的讳,改为"常娥",也写作"嫦娥"。《淮南子》成书于汉武帝建元二年(前139),这表明嫦娥奔月的故事在西汉前期就已经产生并且广为流传了①。不过《淮南子》仅记录下了传说故事——西王母赐给羿的不死之药,被嫦娥偷吃,然后飞天奔月,东汉末年张衡《灵宪》的记载则更为详细:

> 羿请无死之药于西王母,姮娥窃之以奔月。将往,枚筮之于有黄,有黄占之曰:"吉。翩翩归妹,独将西行,逢天晦芒,毋惊毋恐,后其大昌。"姮娥遂托身于月,是为蟾蜍。②

在《灵宪》的记载中,嫦娥奔月之前,曾去有黄处占卜,而占卜的结果是"吉"。在这个版本的结局,嫦娥不仅"托身于月",还变成了一只蟾蜍,因此后来月宫也被称为"蟾宫"。不过随着两汉神仙思想、神仙信仰的兴起和树立,不仅嫦娥的"蟾蜍"身份逐渐被人们遗忘,她还进入了道教的仙谱序列,被尊封为道教月仙,全称为"月宫黄华素曜元精圣后太阴元君",又称"月宫太阴皇君孝道明王",简称"太阴元君""太阴皇君"③,执掌人间生死罪福大权:

> 月宫太阴帝君,下管五岳、四渎、五湖、四海、十二溪水府,并酆都罗山百司,常以三元日冥官僚佐皆诣月宫,校定世人生死罪福之目,呈进上帝,谓之阴宫死籍。

(宋·李思聪《洞渊集》卷七)

身为月宫至阴之神的嫦娥,拥有对所有凡人的生杀大权,操控着人世间的福祸命运。从功利的角度来说,道教的信众会为了自身的生

---

① 据《文心雕龙·诸子》言:"按《归藏》之经,大明迂怪,乃称羿毙十日,嫦娥奔月。"《归藏》是古代占卜巫书,成书于战国初年。按此推论,嫦娥奔月故事产生的时间可以推至战国以前。

② 严可均. 全上古三代秦汉三国六朝文 [M]. 北京:中华书局,1958:776.

③ 胡孚深. 中华道教大辞典 [M]. 北京:中国社会科学出版社,1996:1475.

死和福祸而对嫦娥进行拜祭，希望获得嫦娥的庇佑。由此，嫦娥从高居月宫的女神开始走向世俗人间，高冷的女神形象开始向人间过渡。文人笔下的嫦娥形象与位列仙班、正襟危坐、高高在上的神仙形象不同，从魏晋到宋元，诗词里的嫦娥常常以一种华美艳丽的形象出现，而且能歌善舞，风情万种。嫦娥依然美丽非凡，却多了一种带有人间烟火气息的亲切：

> 风消焰蜡，露□红莲，花市光相射。桂华流瓦。纤云散，耿耿素娥欲下。衣裳淡雅。看楚女纤腰一把。箫鼓喧，人影参差，满路飘香麝。
>
> 因念都城放夜。望千门如昼，嬉笑游冶。钿车罗帕。相逢处，自有暗尘随马。年光是也。唯只见、旧情衰谢。清漏移，飞盖归来，从舞休歌罢。①

这是北宋词人周邦彦的《解语花》词，描写的是一个上元节的夜晚。上元节即正月十五，今之元宵节。元宵节对于古代的年轻人来说，简直就是狂欢节，比西方的圣诞节还要热闹。到了宋代的时候，元宵节虽然主要是指正月十五这一天，但在节前一两天就已经开始张灯结彩了，这种风俗称为"试灯"。

到了正月十五当天，城市中没有宵禁，男女老少几乎是倾城而出观赏花灯，甚至连平时足不出户的贵族女子，也可以在这一夜通宵达旦，在灯市之中流连忘返，热闹与喧嚣彻夜不绝。

因为元宵观灯的习俗，元宵节又被称为灯节。

这可是年轻人恣情撒欢的一个节日，尤其是那些贵族女性，平时养在深闺，只有这一天晚上可以自由自在玩个通宵，所以，元宵节也成为青年男女约会的好时机，许多浪漫的爱情故事都是发生在这个特别的夜晚。元宵节就成了古代中国事实上的"情人节"，这个"情人节"的关键词就是"自由恋爱"，因为在这一天，他们可以自由地见面。

---

① 周邦彦. 清真集校注 [M]. 孙虹，校注；薛瑞生，订补. 北京：中华书局，2007：239.

　　周邦彦词中的素娥也如同凡家女子一样，在这个难得"自由"的上元节之夜，下凡来凑个热闹："纤云散，耿耿素娥欲下。"素娥即嫦娥。只见她"衣裳淡雅"，并没有神仙出行令人眼花缭乱的高贵气派，倒是有楚楚动人的袅娜姿态。她走上街头，流连在五彩绚烂的花灯之中，看到凡间的女子有的三五成群、欢声笑语地擦肩而过，衣香鬓影，争奇斗艳；有的坐在装饰华丽的马车上，手上拿着的罗帕恐怕是给恋人准备的定情信物吧？人间的热闹繁华、满街流淌的柔情蜜意让嫦娥不免有些顾影自怜，她可怜自己的"旧情衰谢"、如今的形单影只，心中泛起淡淡的忧伤：时光飞逝，繁华落尽，热闹是属于"她们"的，自己还是从此"舞休歌罢"。在周邦彦的笔下，嫦娥坠入了凡间，凡人不仅可以平视嫦娥，甚至在嫦娥的眼里，凡人的幸福指数更高，她甚至开始羡慕人世间的感情。一个人情化、凡人化的嫦娥形象呼之欲出。

　　伴随着道教神仙思想世俗化的进程，飞天的嫦娥开始具备了仙凡交织的特征，她既承载着古人对宇宙的不羁想象，也呈现出凡间女子细腻和丰富的情感。

　　因为渴望突破时间与空间的有限，在更广阔的宇宙里创造生命无限的长度与广度，人们塑造了义无反顾向月飞奔的女神嫦娥；又因为对另一个未知时空的茫然与恐惧，人们又重塑了一个私心向凡、渴望爱与被爱的女人嫦娥。

　　女神嫦娥，代表的是古人探索未知的大胆梦想；女人嫦娥，代表的则是人们对于人间真情的幸福体验和无限珍惜。晚唐诗人李商隐的《嫦娥》或许正是这种仙凡交织的嫦娥形象的典范：

云母屏风烛影深，长河渐落晓星沉。

嫦娥应悔偷灵药，碧海青天夜夜心。[①]

　　巍峨壮丽的月宫深处，用云母矿石做成的屏风，尽显精致华美、

---

① 刘学锴，余恕诚. 李商隐诗歌集解[M]. 北京：中华书局，2004：1887.

诗　"不知天上宫阙，今夕是何年"

Al基非晶粉末中的析晶行为

（图片来源：刘咏）

雍容华贵之气。星河渐渐西沉，摇曳的烛光下，嫦娥又独自渡过了一个漫长的不眠之夜。月宫的奢华壮美，填补不了她内心的深深寂寞，诗人不禁想象并设身处地同情起嫦娥来："此时的你应该也很后悔吧？悔不该，当初偷吃灵药，独自飞升，如今夜夜守着这冰冷的月宫，无边的宇宙也是无边的寂寞。这样的孤独何时才是个尽头呢？"

李商隐笔下的嫦娥，既是高居月宫的女神，也是夜夜思凡的女人。

或许，古人对于飞天的梦想，也如同嫦娥形象的变迁一样，既有着脚踏实地对人间的深深依恋，也有着仰望灿烂星空的浪漫灵魂吧！

嫦娥形象，从《淮南子》的偷药飞升由人变神，到道教神仙崇拜里的太阴皇君，这个过程反映了中国古人对于奔月的原始期待；唐宋以后，随着社会经济的发展、市民文化的勃兴、道教思想的世俗化等，文人笔下的嫦娥又开始从女神、女仙回归到女人形象，嫦娥逐渐人格化、世俗化、伦理化，标志着中国文人开始以平行视角观察嫦娥、书写嫦娥、咏叹嫦娥，开始以更加从容的心态看待自地而飞又从天而降的嫦娥。也正是从这个时代开始，飞天不只是停留在神话与仙话之中，而是即将真正开始进入飞天梦想的漫漫求索与科学实践。

二、庄子的"风鹏"意象与飞天求索

从神话故事中，我们看得到人类对天的崇拜，也看得到人类超越物种的本能限制、运用智慧实现心中长久以来对于飞行的渴望，"鹏"则是众多飞天神物中的代表：北海有一条大鱼，它的名字叫作鲲。鲲的巨大，不知道有好几千里。鲲化成为鸟，鸟的名字叫作鹏。鹏的背，也不知道绵延好几千里。这只鸟奋起而飞，它的翅膀就像天边的云。这只鸟在海动风起的时候就将迁往南海。南海，就是天然大池。《齐谐》这本书，是记载怪异之事的。据说，鹏鸟迁往南海的时候，那水花能激起三千里，双翼拍起来的旋风能直上九万里的高空。它乘着六月的大风而去。野马般的游气，飞扬起来的浮尘，以及活动的生物都被大风吹起来飘动着……

这段文字翻译自《庄子·内篇·逍遥游》。庄子名周，战国时期宋国蒙人，曾经做过漆园吏。庄子的一生贫穷困顿，不过他摒弃荣华富贵，将权势名利抛诸脑后，在战国的乱世中努力保持自己的独立人格，追求逍遥无待的自由精神。《逍遥游》开篇这一段描述的鲲、鹏，便是庄子虚拟却又是寄寓其个人思想的重要意象。

那么，这背长不知几千里的大鹏鸟该怎样才能顺利实现这样遥远距离的飞行？从当代物理学的角度来说，大鹏鸟需要借用空气动力，可是三千年前的庄子，又会怎么设计这场飞翔呢？

風之積也不厚，則其負大翼也無力。故九萬里，則風斯在下矣，而後乃今培風；背負青天，而莫之夭閼者，而後乃今將圖南。[①]

大鹏鸟要从北海迁至南海，就需要足够的风力才能远距离飞行。庄子观察到，就像水要足够深才能承载巨舰一样，如果风的强度不够大，那么风就根本没有力量来负担大鹏的巨大翅膀。所以大鹏利用巨大的翅膀尽力击打海面，激起三千里的浪涛形成旋风，然后它才能借助这股旋风的力量迅速起飞上升到九万里以上的高空。这似乎和现在飞机在从陆地起飞时需要足够的加速度在短时间内迅速上升到安全的飞行高度相类似。只有顺利上升到了九万里的高空，大鹏身下聚集的风力才足够托举着它飞越千山万水，不受任何阻碍，最终抵达遥远的南海。

庄子在他所处的那个时代，用看似荒诞无稽的寓言故事，折射出中国古人对远距离飞行的愿望，并且用朴素的自然科学思想来为这场神话的飞行论证。

庄子通过观察大鸟的飞行，认识到远距离飞行需要具备的三大基本要素：足够庞大和具备足够动力的飞行物（拥有巨大翅膀的大鹏），创造足够动力形成起飞需要的速度与力量（水击三千里形成的旋风），创造远距离飞行需要的足够高度与足够能量（九万里高空厚积的风力）。

当然，三千多年前庄子并没有从观察中抽象出力学的问题，他也不可能通过严密的计算、推理，证明出飞行的力学原理和材料结构，毕竟这可不是仅凭肉眼观察就能得出结论的，而是需要科学实验去证明的。

如同想象当中的大鹏依靠风力飞翔，人类尝试飞翔则是从木鸟开始的。《韩非子·外储说》载，墨翟居鲁山（今山东青州一带），"为

---

① 陈鼓应. 庄子今注今译[M]. 北京：中华书局，2009：8.

木鸢，三年而成，蜚一日而败"。墨子这只"木鸢"就是中国最早的木鸟。《墨子·鲁问篇》中记载："公输子（鲁班）削竹木以为鹊，成而飞之，三日不下。"说的是鲁班造出的木鹊能乘风力飞翔三天而不掉落。

弥足珍贵的是，中华民族的先人对飞行的想象从来都没有局限于某一种形式——在木鸟之后，又产生了风筝、孔明灯、竹蜻蜓等种种飞行工具。其中孔明灯被认为是热气球的前身，竹蜻蜓被认为是直升机的前身。特别重要的是风筝，它为飞机提供了升空原理和灵感，被认为是现代飞机和滑翔机的前身。在一些国家的博物馆中至今还展示有中国风筝，如美国国家博物馆中一块牌子上醒目地写着："世界上最早的飞行器是中国的风筝和火箭。"英国博物馆也把中国的风筝称之为"中国的第五大发明"。先人们在探索飞行的过程中还产生了众多的传奇与神话。

公元9年1月，王莽接受汉帝"禅让"，即皇帝位，建立了新朝，改元始建国。尽管王莽是依靠汉代流行的天命五行学说[①]，在四十八万七千五百七十余老百姓、诸侯王、公、列侯及宗室[②]的"推举"中一步步走上皇位的，但他登基之后面对的却是一个矛盾重重、危机四伏的江山。

王莽政府必须拿出新政。他下令改组官僚机器，采用新官衔，又对地方组织的名称进行了调整，新朝治下所有的郡县改名。禁止私人奴隶买卖，尝试进行土地改革，将所有壮丁分配到标准面积的土地上，禁止出售土地。经济方面，政府下令对酿酒、盐和铁器交易实行

---

① 汉人认为，每一个王朝都是在金、木、水、火、土五行中的某一行的力量下进行统治的，当这一行依次被下一行取代之时，就是王朝灭亡之日。经过一番争论，汉朝被确定为火行，即红色为汉朝的颜色。但是汉朝在长期执政之后，衰落之象已现，包括汉王室成员在内的知识分子都普遍认为，天命正在转移，五行中的"土"正处于上升的状态。

② 班固. 汉书[M]. 颜师古，注. 北京：中华书局，1962：4070.

国家垄断，同时，实行贱买贵卖——对粮食、丝、布等百姓生活必需品低价时购进，高价时售出，政府来充当商人角色。

一系列的改革措施，看似标新立异，事实上大部分措施都还是西汉政策的延续，其目的就是解决汉王朝长期执政之后留下的社会经济问题。可是，"安内"可以通过托古改制缓解，"攘外"又要怎么解决呢？

西汉王朝的外交，面对的第一强敌就是北方游牧民族政权匈奴，"那个时代的大部分岁月中匈奴问题是汉代中国世界秩序的中心问题"[①]，汉朝与匈奴打打和和，构建了西汉最重要的外交关系。公元前53年，汉宣帝与匈奴呼韩邪单于达成协议——长城以北的土地属于匈奴，但匈奴需要向汉称臣。

公元前33年，呼韩邪单于又一次来到长安，请求和亲。从前的和亲，汉朝需要将公主远嫁匈奴，现在匈奴已经向汉称臣，汉元帝也就不必再遣嫡亲公主和亲，只选了五名宫女，其中包括著名的王昭君。这位中国历史上最著名的美人之一，很快得到了呼韩邪单于的宠爱，并生下了两个儿子。公元前31年，呼韩邪单于去世。按照匈奴的习俗，王昭君又成为了继任匈奴单于的妻子，并生下了两个女儿，其中一位名叫云。

公元2年，王莽召回了昭君的这位名叫云的女儿，将她安置在太皇太后的随从中。云自幼受到母亲的教育和影响，又回到汉室宫廷，自然更加亲汉。不仅如此，云的丈夫、同母异父的哥哥（王昭君与呼韩邪单于的儿子，名伊屠智牙师）也都主张亲汉，因此在匈奴贵族中，逐渐形成了一个亲汉集团，或者叫作主和派。可惜的是，王莽即位的时候，在位的单于是一位"保守分子"，反对亲汉，对刚刚建立的新莽政权虎视眈眈。

---

① 崔瑞德，鲁惟一. 剑桥中国秦汉史[M]. 杨品泉，等译. 北京：中国社会科学出版社，1992：218.

王莽自然不会坐以待毙。他下令动员30万人，又下令招募天下"奇人"来对付匈奴。招募"奇人"的告示一出，天下各路人马欣然而往，那真是"八仙过海，各显神通"，几万人报名参加这场"奇人"海选赛。在这些"奇人"中，有人称自己不需要舟船就能渡水；有人称自己有独家药方，能让军队不需要粮草，而保证三军不饿肚子；还有一个人，声称自己能飞，并且说自己能"一日千里，可窥匈奴"[①]。

如果要发动对匈奴的战争，知己知彼，才能百战百胜。倘若真有这么一个人，能够一日千里，飞去刺探匈奴军情，那赢得这场战争便只是时间的问题了。王莽听闻有这样一个"奇人"，非常兴奋，兴致勃勃要来看"飞人"。

皇帝亲自来看，这位"飞人"由此开始了中国历史上第一次最高规格的飞行试验。按照庄子的结论，飞行需要大翼和大风，可是人哪里来的大翼呢？此人"取大鸟翮为两翼"，并且还学着鸟的样子，在自己的头上、身上都着上羽毛，再将大翼、羽毛连环扣结，做好了飞行前的准备。

风起之时，只见"飞人"一冲而起，像鸟儿一样拍打着自己的"双翼"，闭上眼睛，想象着自己如那鲲鹏展翅，"水击三千里，抟扶摇而上者九万里"。王莽惊呆了，围观者看傻了，正要欢呼庆祝之时，"飞人"一坠而下，狠狠地摔在地上。一场飞行试验，一场"奇人"的海选，以失败而告终。自吹"一日千里"，没想到"飞数百步堕"。

尽管"飞人"自导自演的闹剧就此结束，但中国人的飞天梦却并未坠地。渴望扶摇上九霄、探索宇宙的中国人，通过自主创新，终于在2003年10月15日由杨利伟乘坐"神舟五号"载人飞船圆满完成了我国首次载人航天飞行。

① 班固. 汉书[M]. 颜师古，注. 北京：中华书局，1962：4155.

"云中谁寄锦书来"

铝基非晶粉末表面形貌

（图片来源：刘咏）

三、知识小贴士：航天工程用粉末冶金材料

《淮南子·原道训》说："四方上下曰宇，古往今来曰宙。"中国人从未停止过探测宇宙的梦想，先后于1970年4月24日成功发射了第一颗人造卫星"东方红1号"；1999年11月20日成功发射了第一艘宇宙飞船；2003年10月15日成功发射了第一艘载人飞船"神舟五号"；2007年10月24日成功发射了第一个月球探测器"嫦娥一号"；2011年11月3日成功实现空间交会对接；2019年1月3日"嫦娥四号"成功着陆在月球背面南极——艾特肯盆地冯·卡门撞击坑；2020年7月23日成功发射"天问一号"火星探测器……中国人在探索宇宙的过程中，孕育出伟大的航天精神。

粉末冶金材料在航天领域有着广泛的应用，其中包括粉末冶金空间摩擦材料、粉末冶金密封材料、超高温结构陶瓷材料等。

航天飞行器在空间交会对接时，需要通过减震装置的摩擦制动、过载保护以及缓冲耗能等吸收及消耗飞行器对接时的能量。粉末冶金空间摩擦材料则是保障空间交会对接的关键材料。我国的空间用摩擦材料研制始于21世纪初，在国际上对相关技术严格保密的情况下，国外专家所提供的技术建议仅仅是"粉末冶金"四个字，至于具体的材料设计、制备工艺则不得而知。为此，中国粉冶人自主开发，历经10余年的研制，不断优化设计和工艺路线，进行了1000多次地面试验，最终成功解决了所有技术瓶颈，所研制的空间摩擦材料在2011年11月13日成功应用于"天宫一号"与"神舟八号"飞船的首次交会对接，有力保障了我国载人航天任务的实施。之后，我国完成的多次"天宫"系列、"天舟"系列与"神舟"系列飞船的成功对接，都采用了自主研发的粉末冶金空间摩擦材料。

密封材料是保障航天飞行器安全的关键材料。1986年，美国挑战者号航天飞机发射升空后，因其右侧火箭助推器的O型密封圈失效，毗邻的外部燃料舱在泄漏出的火焰的高温烧灼下结构失效，使高速飞行中的航天飞机爆炸解体，机上7名宇航员全部罹难。随着航天技术的发展，我国的长征系列重载火箭推力越来越大，为此采用液氧煤油作为燃料。液氧和煤油在混合燃烧前需要严格密封，不能接触。然而，发动机在点火前需要用泵运行将燃料送入燃烧室。因此，液氧端的泵密封材料至关重要。我国在20世纪90年代大推力液氧煤油发动机开始研制的同时，就启动了粉末冶金密封材料的研究，经过20余年的刻苦攻关，2015年9月，粉末冶金密封环成功应用于我国首个重载火箭"长征六号"的发射，随后连续保障了"长征五号""长征七号"和"长征八号"重载火箭的成功发射。

天体以极高速度投射进入地球大气层时，因为与大气剧烈的摩擦而发生燃烧形成流星雨。人造航天器在大气层高速（数倍音速）飞行过程中也将承受2000℃以上的高温，为了防止航天器解体，必须对舱体材料进行耐高温防护。因此，防热材料是研制和保障航天器在极端环境下安全服役的重中之重。超高温结构陶瓷材料，尤其是难熔金属Zr、Hf和Ta的硼化物、碳化物，具有超高熔点和高热导率，能在高温下保持很高的强度。基于粉末冶金技术，将超高温结构陶瓷与炭/炭复合材料结合，可在3000℃以上的环境中长时间使用，显著提升热防护效率，满足耐烧蚀的要求。

"星汉灿烂，若出其里"

Zr-Cu-Al粉末表面微观组织

（图片来源：刘咏）

⌣

第二节

复欲沧海游——航海梦的实践之路

一、古代的"航母"与航海事业的发展动力

元顺帝至正二十三年（1363）六月，朱元璋调回了徐达在庐州的部队，并召集了所拥有的全部精锐力量，包括他手下最优秀的将领徐达、常遇春、冯胜、郭兴，二十万大军浩浩荡荡地从应天（今江苏南京）向洪都（今江西南昌）出发。这一次，朱元璋是下定了决心，要与陈友谅做最后的决战。

陈友谅曾经是元末地方割据政权天完国君主徐寿辉的部下，原本姓谢，是沔阳（今湖北仙桃）的一个渔民。参加徐寿辉的起义军后，逐渐取得了徐寿辉的信任，甚至成为了天完国的第一重臣。陈友谅知人善任，能力突出，尤其是带兵打仗的能力出类拔萃。很快，陈友谅开始对徐寿辉表现出不满情绪，并夺了徐寿辉的皇位。至正二十年（1360）六月十六日，陈友谅登基称帝，定国号为汉。

这一次的决战，就像是朱元璋的起义军与陈友谅的汉政权一次正面的赌局，陈友谅六十万大军，朱元璋二十万大军，他们赌博的筹码是战士的鲜血与生命，而胜利者，将获得这片土地的统治权。

至正二十三年（1363）七月十六日，朱元璋大军到达了湖口，并且兵分两路，占领了经江口和南湖口，封锁了陈友谅唯一的退路——武

阳渡口。朱元璋清醒地认识到，战胜陈友谅的唯一办法就是彻底摧毁他的水军，所以必须和他在水战中决出胜负。

七月二十日，双方水军分别来到了鄱阳湖。鄱阳湖，南北距离三百余里，且南宽北窄，就像一个巨大的葫芦。朱元璋的舰队停靠在鄱阳湖南边的康郎山，与陈友谅的部队对峙，甚至还可以清晰地看到对方船上的灯火。

第二天上午，决战正式开始。

双方在湖面上布阵，就在这个时候，朱元璋的士兵们惊奇地发现一个非常严重的问题：陈友谅的战船中，最大的船长约十五丈，宽两丈，高三丈，按照我们现在的尺寸折换一下，船长近50米，首尾不相望，宽6.6米，高近10米。船分为三层，每一层都有士兵可以骑马来回巡视。船的最下层只管划船，上下层隔开，就算上层打得昏天黑地，下层依旧能够保持动力，而且上下层的隔声效果非常好，尽管只隔着一层木板，但是下面的人听不见上面人说话的声音，就算是上面吃了败仗，下面几乎不受影响，依旧拼命划船。更为可怕的是，每条船的船身都用铁皮包裹，这简直就是中国古代的航空母舰！

相比于陈友谅的战船，朱元璋的战船小得可怜。士兵们站在自己的战船上，甚至只能仰视敌船。如此的力量悬殊，这仗要怎么打？朱元璋一时陷入了困境。

七月二十二日，徐达率先发起了冲击。尽管陈友谅的船只体型巨大，但他万万没有想到，朱元璋部队那些小渔船还敢主动发起进攻，慌乱之下派出舰队应战。徐达采取的是围攻战术，行动不便的巨舰顾此失彼，陈友谅的前军被打败。

经历了短暂失败的陈友谅，迅速整顿部队，利用火炮对徐达的船只发动攻击，徐达的战舰被击中后，失去了对舰队的指挥力，而陈友谅乘胜追击，一连击沉朱元璋几十条战船，朱元璋损失惨重。

这天夜里，陈友谅根据自己战船的特点，提出了一个新的主意：用铁索将战船全部串连起来。

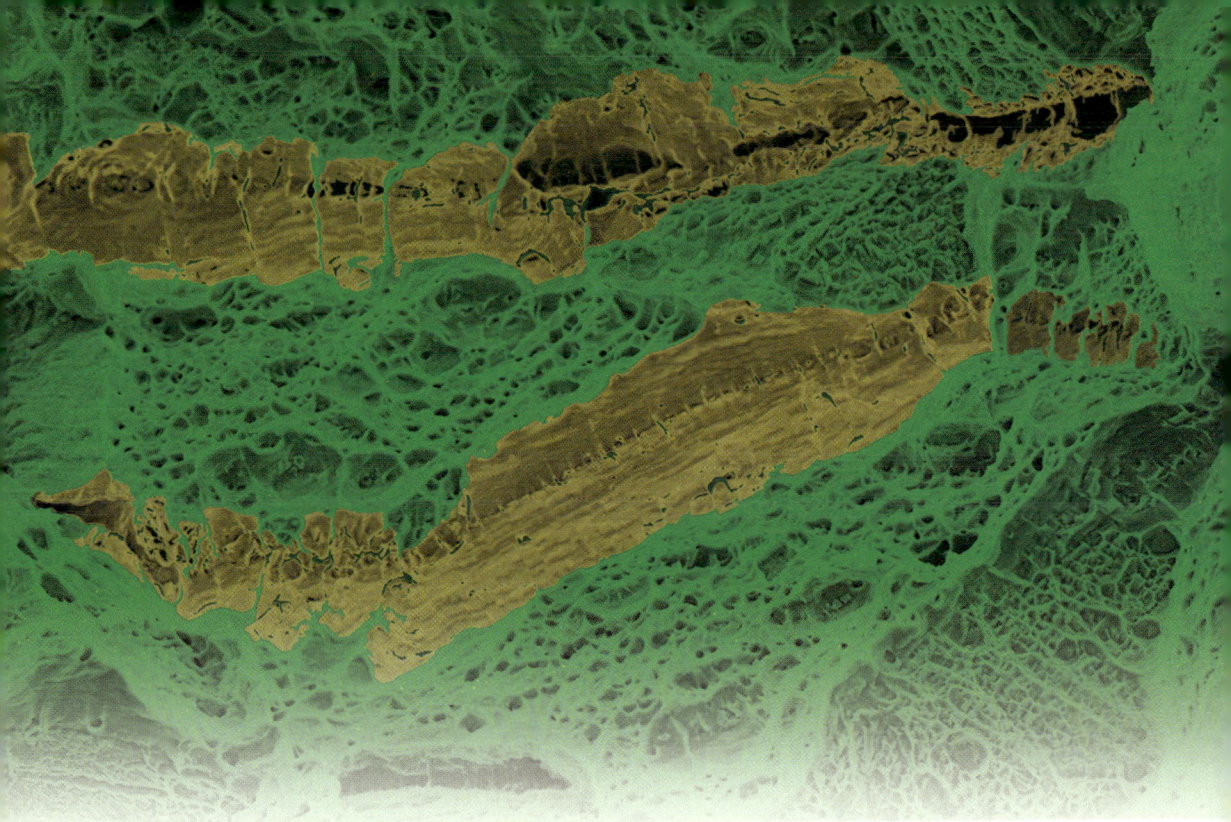

诗 "蜀道难，难于上青天"

Ni-Fe合金断口中的塑性变形

（图片来源：刘咏）

第三天的战斗中，朱元璋派出的三支舰队对陈友谅的铁索连环舰队发出连续进攻，但均以失败告终。朱元璋意识到，不能这样盲目攻击，这样下去可能会全军覆没。此时，郭兴向他建议：用火攻吧！

熟悉历史的读者，可能会觉得这一幕似曾相识：当年曹操也干过类似的事情，将他的战船全部连起来，于是才有了周瑜的火攻曹营，获得赤壁之战的胜利。如今历史重演，朱元璋用船装好了火药，将稻草人伪装成士兵。万事俱备，只欠东风。

东风，说来也就来了。

七条火船在风的助力下，逐渐靠近陈友谅的铁索连环舰队，陈友谅的战船无法脱离，立即陷入一片火海，朱元璋趁机命令部队发动总攻。

陈友谅，一败涂地。

在这一场战争中，朱元璋战胜了对手陈友谅，获得了这一大片土地。如果不是陈友谅将铁索连船，恐怕朱元璋很难制敌。朱元璋在战后进行经验总结与反思：论战力，己方的船只是无法与陈友谅的"航母"较量的。因此，此战虽胜，却也给了朱元璋一个教训与警示：要获得水上控制权，必须制造具有足够容量与战力的船。正是从这个意义上说，这一场水战无意中成为了明朝迅速发展造船业的动因之一。

二、郑和下西洋与华夏文明的海外传播

明永乐三年（1405）六月十五，郑和奉明成祖朱棣命，从南京龙江港起航，经太仓出海，和王景弘一起率27800人，第一次下西洋，一直到1430年止，郑和及其船队一共七下西洋。如此庞大的出使团队，其所乘之船该是何等规模呢？2010年6月在南京郊区祖堂山出土了郑和出海随行人员洪保的《寿藏铭》，其中称郑和的"宝船"是"五千料巨舶"。那么，"料"是一个什么样的计量单位呢？

"料"是中国古代表示船舶大小的计量单位之一，它的本义其实是指建造船舶的时候所用的物料之多寡。当然，从古代的造船技术可知，其主要建造材料就是木料。不过我们现在还并不清楚，用所用木料来形容船舶大小，究竟是什么含义。对此，学术界众说纷纭：

宋元明三代船舶所用"料"是指船上可利用载人、货的容积。[①]

宋元明时期史籍记述古船时出现的"料"字是表示船舶大小档次的量度单位之一，就其本义而言，它既不是指船舶载重量也不是指船舶容积，而是指船用物料。料与船舶的载重量和容积一样，都正比于船的长、宽、深，因此，料与载重量和容积之间存在一定的内在联系。[②]

---

① 苏明阳. 宋元明清时期船"料"的解释[J]. 海交史研究，2022(001)：8-18.
② 何国卫. 析中国古船的料[J]. 国家航海，2011(1)：48-62.

中国古船中的"多少料船"……是指船体中纵剖面面积，且一料计为一立方尺。[①]

尽管"料"的具体含义还有待进一步论证，但可以明确的是，"料"的多少与船的大小是成正比的。那么"五千料"的船，到底有多大呢？

今天我们对于船舶的定量描述，一般是用排水量来衡量。按照现在的造船数据，学术界给出了一个大致的推断："5千料"的船，排水量在5000至10000吨之间。当然，也有学者认为"5千料"的排水量是11700吨（郑明等《论南京宝船厂遗址出土舵杆与郑和二千料宝船匹配关系》）、22307吨（杨培漪、卢银涛《郑和船队复原研究》）或者22848至28561吨之间（席龙飞、何国卫《试论郑和宝船》）等。

就算"5千料"的宝船并没有学者推断的这么大，在600年前的中国能造出5000至10000吨、相当于当代中型导弹驱逐舰的吨位的大船，已经是古人伟大的成就了。

这么大的船，其尺寸又该如何呢？按照马欢《瀛涯胜览》的记载：

> 宝船六十三号，大者长四十四丈四尺，阔一十八丈；中者长三十七丈，阔一十五丈。[②]

郑和的船队一共有宝船63艘。大型船只长44丈4尺，宽18丈；中型宝船长37丈，宽15丈。按照明代工部尺为0.311米的标准计算，大型船只长138.084米，宽55.98米，中型船只长115.07米，宽46.65米。据此数据，大型船只的长度大致相当于今天一艘重型护卫舰的长度，而宽度是今天重型护卫舰的三倍，其甲板的面积可能比一个标准足球场还大。[③]如此一支超级船队，浩浩荡荡27800之众，从南京出

---

① 何志标. 从明代古籍所载战船尺度推测中国古船"料"的含义[J]. 国家航海，2014(4)：36-44.

② 马欢. 瀛涯胜览[M]. 冯承钧，校注. 北京：中华书局，1955.

③ 张廷玉，等. 明史[M]. 北京：中华书局，1974.

发，"通使西洋……遍历诸番国"①。

要适应远洋航行，郑和的队伍只是人多船大还不够，船的结构设计也需要更加严谨。从目前的史料分析，郑和船队最大的宝船拥有九桅十二帆，桅帆在设计上采用的是纵帆型布局、硬帆式结构，大多数的桅帆都是沿着船的纵向中线或者稍偏于中线的位置交错排列的。帆篷的主要材质是布和蒲草，或者是用竹篾编织而成，以坚实的顶横桁向下张挂。帆篷面带撑条（即帆竹），用来增强帆的抗风力，也更加易于将帆展平，更大效率地利用风力。当水手需要登上桅顶作业或者上望斗作业的时候，帆竹还可以作为他们的阶梯。在船的两舷和艉部，设有长橹。橹作为中国人在造船方面的重要发明，具有入水深、推进效率高的特点，非常适合在无风的时候保持较快的航行速度。

同时，宝船在形体结构上，设有多道横舱壁，将船舱分为了若干个相对密闭的隔舱。明代这种水密隔舱技术已经相当成熟，船舱底部用土石压载，以增强船体的稳定性。宝船上还装有升降舵，通过人工来实现升降。当船在深水区航行的时候，遇到大风浪或者海中乱流，水手将舵叶下缘降至船的底线以下，就能够使舵效不受影响。而当船在浅水区航行甚至抛锚的时候，则可以将舵升到高位或者水面以上，保证船体不会因为搁浅而受损。这种升降舵和此前非常成熟的平衡舵、三角舵一样，都是中国古代的劳动人民在航海实践中逐渐探索和改良出来的。宝船上使用的锚是特大型的铁质锚，这在世界造船史上也处于领先地位。

当然，郑和的远洋航行还必备一样"秘密武器"！

这件秘密武器就是指南针。

李约瑟曾经指出：指南针的发明是原始航海时代的结束，预示着计量航海时代的来临。作为古代中国最重要的发明之一，指南针拥有悠久的发展历史。传说黄帝在大战蚩尤的涿鹿之战就使用了指南车。

---

① 马骏杰. 郑和下西洋[M]. 北京：中国财政经济出版社，2017：121.

传说无法考证，但三国魏明帝时的马钧制成了指南车(235)却见诸史籍。《韩非子·司南》亦云："夫人臣之侵其主也，如地形焉，即渐以往。使人主失端，东西易面，而不自知。故先王立司南以端朝夕。"此处的"司南"即具备指示方向的功能，是指南针的始祖。正如后人诗中所云："路迷端倚司南驾，金换还随过海舟。"（宋陈造《次韵方秘正》）"司南"不仅指示地理空间的方向，还被赋予了人格方正、信仰坚定、忠于国家等象征意义，例如文天祥掷地有声的宣言："臣心一片磁针石，不指南方不肯休。"（《扬子江》）

　　早在晋代，我国已经出现了指南船，这是我国使用指南针航海的

诗 "误几回，天际识归舟"

镍基高温合金涂层材料界面组织

（图片来源：张利军）

开端，宋代文献也记载了航海远洋者利用指南针辨别航向的情景："舟师识地理，夜则观星，昼则观日，阴晦观指南针。"（朱彧《萍洲可谈》）舟师白天观察太阳、夜晚观察星座来判断方向，如果是阴天则主要依靠指南针。

很难想象，没有指南针的指引，郑和的船队如何完成前后七次、持续时间前后达28年的西洋之旅。郑和先后达到南亚和东非地区的30多个国家，绘制了带有航路的航海图。无论是船队的规模、航海的技术还是航海的国际影响力，都创造了当时的世界之最。他比哥伦布早87年到达东非，比麦哲伦航海早116年。自郑和下西洋之后，从15世纪末到16世纪，指南针开始普遍使用在欧洲航海之中了。

在这28年的时间中，郑和作为大明的使者，秉承永乐皇帝所谓"不可欺寡，不可凌弱，庶几共享太平之福"的外交方针，向亚非国家展示大明国威，同时也敞开怀抱，欢迎他们到中国来。当郑和的团队第一次来到爪哇等东南亚国家的时候，当地百姓看到郑和那一艘艘装饰华丽的巨大宝船，更有衣着讲究、谈吐高雅的中国人，惊得目瞪口呆。他们从来不知道，在那遥远的地方竟然还有如此文明的国度。他们在与中国人的交流和贸易过程中，更真切地感受到中国人的善良和友好；他们对中国产生了强烈的向往之情，希望能够和中国建立朝贡关系。郑和还给他们带去了中国的历书历法，教授他们中国的书画，传授他们中国的度量衡。更加重要的是，郑和携带大量的图书出海，仅《古今列女传》这本书，在郑和七次下西洋的过程中，就向外赠送了上万册，更有《论语》《孟子》《诗经》《左传》《汉书》《三国志》《资治通鉴》等一系列中国典籍，以至于琉球国的民众"能习读中国书，好古画铜器，作诗效唐体"，当地的老百姓不仅喜欢中国的书画铜器，甚至就连作诗，也要效仿唐诗的风格，可见郑和下西洋对传播中华文化所起到的巨大作用。

在南亚曾经有一个叫作旧港的国家，又叫作三佛齐。它的位置在今天印度尼西亚苏门答腊岛的巨港。这个国家在明永乐三年

(1405) 以后，就由当时的华侨首领施进卿管理。永乐五年 (1407) 九月，施进卿派他的女婿邱彦诚到大明朝贡，明成祖朱棣就想趁此机会在巨港设立宣慰使司，并且朱棣不从朝廷派员，而是直接任命施进卿为宣慰使，赐予他印诰、冠带、文绮和纱罗等。宣慰使是明朝政府专门在少数民族地区设立的主要官员，一般都是由朝廷直接任命的。施进卿之所以能够担任宣慰使，主要是因为他在当地华侨中的威望足够高，对明朝政府也忠心不二。施进卿有一个女儿，当地人称"施二姐"，真实姓名现在已经不可考了。施二姐从小就跟着父亲学习中国传统文化，郑和下西洋赠送的《古今列女传》就曾经陪伴她走过了少女时代，施二姐深受这本书的影响。成年以后，施二姐理所当然地成为了当地具有深厚中华文化修养的女子，甚至在当地还流传着这样一个故事，更能体现施二姐的文化修养：爪哇国上有一个阿邦安酋长国，国王的一位公主病重，于是国王下诏说，谁能治好公主的病，就将公主许配给谁。正好一个传播伊斯兰教的哲人牟兰那·依沙得知此消息，并治好了公主的病，国王就遵守承诺，招牟兰那·依沙为驸马。后来国王开始反对传播伊斯兰教，逼迫牟兰那·依沙离开公主，无奈之下，牟兰那·依沙只得离家出走。驸马走后，公主诞下一名男婴，因为害怕国王加害婴儿，公主连夜将男婴装进一个木箱，放生海上，正巧施二姐乘船经过，救了这个刚出生的孩子，并将他收为义子，取名拉登·巴固。从此，施二姐开始精心照顾这个孩子，拉登·巴固在施二姐的影响下，也接触和学习到中国文化。成年以后的拉登·巴固笃信伊斯兰教，开创了阿邦安教派，他也因此成为了印度尼西亚伊斯兰教九大圣人之一。作为圣人的义母，施二姐一直受到印度尼西亚人民的爱戴，直至今日，仍有不少印尼人瞻仰施二姐之墓。施二姐的一生深受中国文化的影响，她的善良和无私，都是传统中国"母亲"形象的最好诠释。

　　600 多年前的郑和，率领着远洋船队，怀着强烈的文化使命，全方位传播着中华文化，特别是"共享太平之福"的和平理念，在人类航海史和人类文明史上，都留下了浓墨重彩的一页。

三、知识小贴士：航海工程用粉末冶金材料

一个国家的航海史可以映射出一个国家的兴衰历程。16世纪前，我国的航海业与航海技术在世界上是独领风骚的，最早提出了"天文航海技术"，即在海上通过观测天体来决定船舶位置（《淮南子·齐俗训》："夫乘舟而惑者，不知东西，见斗极则悟矣。"），采用了"牵星术"，即通过观测星的高度来定地理纬度，发明和创造了航海罗盘、计程仪、测深仪等航海仪器，特别是航海罗盘的使用，标志着中国领先西方进入"定量航海"时期。这一系列发明和创造造就了徐福东渡日本，法显、鉴真海上弘扬佛法，海上丝绸之路远至红海与东非之滨，郑和七次下西洋遍访亚非各国等航海盛举，在人类航海史上树起了一座永垂史册的丰碑。然而，阶级社会体制的保守与僵化，严重阻碍了中国航海业的进一步发展和航海科学技术的进步，中国航海业从而进入由盛转衰的时期。

中华人民共和国成立后，航海事业迅速发展，在运输航海、渔业航海、科学考察航海、军事航海等方面都取得了振奋人心、享誉全球的发展成就。特别是在深海探测领域，2012年6月，"蛟龙号"载人潜水器在马里亚纳海沟成功下潜，最大深度为7062米，创造了作业型深海载人潜水器新的世界纪录；2020年11月10日我国全海深载人潜水器"奋斗者"号在马里亚纳海沟成功坐底，深度10909米。航海技术的快速发展也有粉末冶金材料的功劳，其中包括粉末冶金磁性材料和粉末涂层技术。

如前文所述，古代航海技术的发展离不开我国的四大发明之一指南针的贡献，指南针即是最早的磁性材料。中国在世界上最先发现磁性现象，并在日常生活中加以应用。2300多年前中国人将天然磁石（Fe_3O_4）磨成勺状，制作成了世界上第一个具有指向性的装置——司

南。沈括在《梦溪笔谈》中系统记载了四种指南针的制作过程，包括用缝纫之钢针与磁石摩擦磁化（钢针磁化法）。明代郑和能成功地七下西洋，也正是依赖于指南针的作用。磁性材料除了在指南针方面的应用，在各种电机、驱动马达上的应用也非常广泛，发挥的作用也更大。早期的磁性材料以铁的氧化物为主，现代的磁性材料成分更多了。根据功能和应用不同，现代磁性材料可分为软磁材料和永磁材料两大类。软磁材料矫顽力低，磁损耗小，磁导率、电阻率、磁稳定性高，主要应用于汽车、新能源、信息、消费电子等领域；永磁材料具有高的剩余磁感应强度、矫顽力和最大磁能积，主要应用于新能源、电动汽车、信息通信、交通运载、医疗器械等领域。20世纪日本学者发现了钕铁硼永磁体。由于其巨大的矫顽磁力，钕铁硼被称为"永磁之王"，能吸附自重640倍重量的物体。磁性材料主要采用粉末冶金法和熔炼法制造。粉末冶金法能制备出磁功能单元（磁畴）与组织单元（晶粒）尺度相当的磁性粉末，实现磁粉磁性取向一致，制备高磁能积的复杂结构磁体，在铁氧体软磁、钕铁硼永磁材料生产上更具优势。

　　海洋环境是一种复杂的腐蚀环境，还伴随有海洋微生物及其代谢产物的影响，使得航海器及其零部件的腐蚀防护尤为重要，采用粉末喷涂进行表面防护是当前最为热门的工艺之一。在喷涂过程中，细小的金属或非金属粉末涂层材料处于熔化或半熔化状态，以一定的速度沉积到被喷涂物体的表面形成涂层，从而使被喷涂材料实现耐高温、耐腐蚀、耐电磁、耐磨损等各种功能。涂层技术包括激光熔覆技术和热喷涂技术等。激光熔覆是在基材表面添加熔覆材料，利用高能量密度的激光束使之与基材表面薄层一起形成冶金结合。该技术由于其快速凝固和高精度选区熔覆特征，所得涂层与基体的结合强度高，而且具有均匀致密的显微组织，在防腐磨损部件修复和强化领域表现出了良好的应用前景。等离子喷涂是使用最广的热喷涂工艺之一。其原理是采用等离子电弧作为热源，将粉末材料送入等离子体或等离子射流中，使其加热到熔融或半熔融状态，在冲击力的作用下将喷涂粉末高速喷向工件表面，形成附着牢固的表面层。

　　粉末涂层技术的使用，明显改善了航海器及其零部件抗复杂环境腐蚀的能力。如螺旋桨，作为舰船、潜艇等的关键推动装置，其材料受空蚀破坏严重，采用低压等离子喷涂镍钛合金制备螺旋桨抗蚀涂层后，其使用寿命比传统材料提高了4倍。此外，粉末涂层技术还可以应用于航海器及其部件腐蚀后的实时修复，如船用发动机叶片、螺旋桨叶片、船用轴类零件等，使用的环境腐蚀性强，须定期进行维护与修复，采用粉末热喷涂或粉末高速电弧喷涂的修补工艺，可降低维护检修工作量和成本，并具有可靠、快速、经济等显著效果。

"簿书海底白人头，孤负江南风月秋"

Al基非晶粉末中的析晶行为

（图片来源：刘咏）

第三节

风鹏运海以高骞——现代粉末冶金发展

一、立志报国——黄培云留学归来创建中南

清光绪二十六年（1900），号称"刀枪不入"的几十万义和团人进入北京，围攻西方列国在中国的使馆。8月14日，由英国、法国、德国、沙俄、美国、日本、意大利、奥匈帝国组成的八国联军，来到北京城外，向北京城发起进攻。两天后，八国联军占领北京，慈禧太后、光绪皇帝以及首都高级官员仓皇出逃，前往西安避难，并派奕劻和李鸿章与八国联军议和。

1901年9月7日，李鸿章被迫与八国签订《辛丑条约》，清政府向十四国赔款四亿五千万两白银，折合美元33000万，共计分39年付清。中国历史上耻辱的"庚子赔款"由此诞生。美国政府从赔款中获得了2500万美元。由于赔款数额过大，1908年，美国国会通过法案，从中拿出1200万美元在美国为中国培养人才。从1909年起，清政府开始向美国派送留学生，第一批学生47人，1910年第二批学生70人，一直到1929年，共计派出1268人前往美国留学，[①]其中包括后来的清

---

①　费正清，费维恺. 剑桥中华民国史 [M]. 刘敬，等译. 北京：中国社会科学出版社，1994：380.

华大学校长梅贻琦、著名学者胡适、浙江大学校长竺可桢、著名语言学家赵元任等。

1939年底，清华校务会收到教育部命令，筹办第五届"庚子赔款"留美考试，考试时间为1940年8月下旬。西南联大的首届毕业生、时任清华大学金属研究所助教的黄培云，在物理系吴有训老师建议下，选择了有色金属专业作为自己的留美备考专业。可是黄培云自1934年进入清华大学后，就一直学习化学专业。他用一年左右的时间，自学冶金专业。功夫不负有心人，在1941年3月公布的第五届"庚子赔款"留学名单中，黄培云的名字赫然在列，同时录取的还有比黄培云多半分的陈新民，后来陈新民担任了中南矿冶学院院长。

▲ 黄培云
1941年出国时单人照片
（图片来源：赵新那）

黄培云、陈新民等人联系了麻省理工学院（MIT）。到美国以后，麻省理工学院对这些中国来的留学生进行了又一轮的专业考试，黄培云考试很顺利，成绩非常好，被麻省理工学院正式录取。黄培云师从C. R. Hayward教授，学习有色金属冶金专业，其博士论文题目为《铜在反射炉渣中的存在形态研究》。1947年，黄培云以他的博士论文为基础，和Hayward教授在美国矿冶工程学会的权威期刊AIME上联名发表了自己的第一篇学术论文《铜反射炉渣与氧化铜反应生成铁酸铜的证据》。

在美国求学的日子里，黄培云不仅收获了知识，还认识了后来的终身伴侣赵新那女士。当时赵元任先生家里经常举办清华同学会。赵元任是第二批"庚子赔款"留学生，我国现代语言学先驱，精通数学、物理、哲学、音乐等。有一次，参加清华同学聚会的人不少，有几十个人，会后留下一大堆待洗的盘子和碗。黄培云自告奋勇去厨房洗碗。凑巧的是，赵新那也到厨房帮忙，赵新那对黄培云说的第一句话是："你别把碗砸啦。"其实，这并不是黄培云第一次见到赵新那。1938年2月19日，由北大、清华和南开大学联合组成的长沙临时大学西迁昆明，黄培云随步行团从长沙出发。到达云南后，提前来的女学生在昆明拓东路口给步行团献花，赵新那和姐姐赵如兰便在献花的队伍里。只不过，那时的黄培云还没有从人群中认识赵新那。

后来黄培云参加了哈佛大学、麻省理工学院留学生组织的"哈麻歌咏队"，赵新那也参与其中，大家经常在一起排练《凤阳花鼓》《车水歌》等，两颗年轻的心就这样慢慢靠近，并建立了志同道合、终生不渝的感情。

1944年12月17日，赵家为胡适庆祝生日。在这次聚会上，赵元任夫妇向43位客人宣布了黄培云和赵新那订婚的消息。次年7月，二人在美国正式结婚。

博士毕业后，黄培云在麻省理工学院从事博士后研究工作，协助Hayward教授研究古巴含钴镍土矿的处理技术。然而，黄培云夫妇二

▲ 1945年7月21日在英国
剑桥(Cambridge MA)
新那培云结婚照
（图片来源：赵新那）

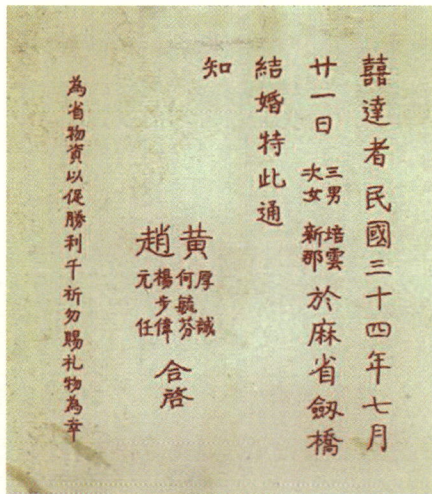

▲ 新那的父亲赵元任亲自书写结婚
通知书，特别注明"为省物资以
促胜利千祈勿赐礼物为幸"
（图片来源：赵新那）

人很快就面临着是继续留美还是回国的抉择。1945年，时任武汉大学的校长周鲠生到美国招聘人才时，邀请黄培云回国任教，并把武汉大学的聘书当面交给了他。Hayward教授夫妇也曾极力挽留他们，但黄培云最终决定回国。

1946年12月2日，黄培云夫妇踏上了回国的船，于同年12月29日抵达上海。

1947年3月，黄培云夫妇离开上海，来到武汉大学[①]。时值解放战争期间，国内形势紧张，武大连一间宿舍都没办法分给黄培云夫妇，只好将东湖中学的一间教室临时作为宿舍，提供给夫妇二人居住。

居住条件如此简陋，科研条件就更不用说了。1947年3月24日，时任武大校长的周鲠生在全校大会上说："学校经费每月只有一千一百余万元，而1947年2月全校仅水电费一项就开支二千六百万元。"学校一个月的办学经费就连水电费这项基本开支的一半都不到，教学、科研经费又要从何谈起呢？黄培云夫妇二人的工资，最少的时候加起来只有1块银元。[②]

1947年中，黄培云受聘为武汉大学矿冶系主任，开始着手建设矿冶系的实验室。没有实验室的矿冶系，上课就相当于纸上谈兵。黄培云在美国接触过金相学，因此他在武大首先建立的就是金相学实验室。在那个艰苦的时代，矿冶系的经费仅够买几支粉笔、铅笔，要买新设备建实验室完全是痴人说梦。好在当时联合国给一些贫困国家捐助了仪器，黄培云等人就利用这些捐助的设备，逐渐建立起了金相学实验室和冶金实验室。

1949年，中华人民共和国成立。此前的教育体系已经无法适应新的社会经济建设，国家决定对高等学校进行院系调整，其涉及面之广、调整程度之深堪称我国现代教育史上的第一次。院系调整的主要

① 黄培云，郑艳. 黄培云口述自传[M]. 长沙：湖南教育出版社，2011：134.
② 黄培云，郑艳. 黄培云口述自传[M]. 长沙：湖南教育出版社，2011：136.

▲ 黄培云和学生们在一起
（图片来源：赵新那）

思路是学习苏联模式——办单科性大学。单科性大学的建设是培养人才最实用而且最快捷的办法。这一改革为国家的工业化建设、科学技术发展奠定了坚实的基础，培养了一大批优秀的人才。

1951年底，教育部决定将国内六个高校有关地质、采矿、冶金的学科调整合并，组建独立的中南矿冶学院。清华大学秘书长陈新民负责组织筹备工作，黄培云是筹备委员会成员之一。筹建中南矿冶学院，首要的问题是学校选址。这个问题当时争论很大，有人主张建在北京，有人主张设在武汉，也有人认为应该建在长沙。湖南大学校长李达就此问题，到北京专门请示了毛主席。据李达的转述，毛主席当时说："湖南是有色金属之乡，办一个培养有色金属人才的学院，设在长沙很恰当。"① 就这样，中南矿冶学院选址定在了长沙。

选址到长沙，就不得不说到抗战期间的长沙临时大学。1935年，清华大学召开会议，准备在北京情况危急时将学校转移至长沙，并且以建农学院的名义在长沙左家垅修建两栋大楼，也就是现在中南大学

210

① 黄培云，郑艳. 黄培云口述自传[M]. 长沙：湖南教育出版社，2011：153-154.

的民主楼与和平楼，同时还修建了一栋学生宿舍。1938年2月，长沙临时大学迁往昆明，组建西南联合大学，而和平楼、民主楼以及学生宿舍永久地留在了长沙，成为后来中南矿冶学院建设的基础。

根据筹委会安排，黄培云到广西大学去做动员和安排合并工作。经过黄培云的努力，广西大学有5名教授、1名副教授、1名讲师、3名助教以及几十名学生合并到中南矿冶学院。

克服了重重困难之后，1952年11月1日，中南矿冶学院正式开学，陈新民任首任院长，黄培云任副院长兼教务长。学校根据国家建设的需要，设立了地质、采矿、选矿和有色金属冶金四个系，并陆续设立了8个专业。1956年学校招收第一届研究生，黄培云为有色金属冶金专业的研究生导师。[①]

二、牛刀初试——粉末冶金学科奠基

1949年中华人民共和国成立以后，国家采取了一系列的措施，促进社会经济的恢复，国民经济开始好转，工业生产水平也在逐年上升。但是就总体而言，当时的中国工业化水平仍然很低，国家依旧是一个落后的农业国家，工业产品的人均拥有量远低于世界发达国家水平。毛泽东对此有过这样一段论述："现在我们能造什么？能造桌子椅子，能造茶壶茶碗，能种粮食还能磨成面粉，还能造纸，但是一辆汽车、一架飞机、一辆坦克、一辆拖拉机都不能造。"面对如此困境，党中央决定结合我国社会主义过渡时期的总路线和任务，由周恩来、陈云牵头，主持制定了我国的第一个五年计划，即"一五计划"。

"一五计划"的基本任务首先是发展重工业，要逐步建立起国家工业化基础。国家清楚地认识到，面对帝国主义的封锁和包围，只有发展自己的重工业，才能实现工业化建设，才能建设起现代化的国防

---

① 黄培云，郑艳. 黄培云口述自传[M]. 长沙：湖南教育出版社，2011：170-171.

力量。因此，优先发展重工业，既是经济建设的需要，也是国防建设的需要。

1953年，国家开始执行"一五计划"，并且提出集中主要力量进行以苏联援助中国的156个建设单位为中心的工业建设，在这156项工程中，有一项便是建设硬质合金厂，代号601。硬质合金是机械制造加工的重要工具材料，甚至可以说没有硬质合金，就没有先进的机械加工制造。世界上最先研制硬质合金的国家是德国。在二战的非洲战场上，德国用硬质合金制造的弹头打穿了坦克，炮弹穿到坦克里面爆炸，就像是穿过豆腐一样容易。德国就这样使用硬质合金制造的弹头，将英美的坦克一炮一个地摧毁，从非洲西海岸一直打到接近埃及的地方。英国和美国后来捡到德国没有爆炸的炮弹，通过分析才知道德国使用的是硬质合金材料。于是英美开始开发硬质合金的弹头，用来打德国的坦克，才将德国从非洲打退。可以说硬质合金已经是现代

▲ 20世纪60年代黄培云和来
中南矿冶学院的苏联专家
一起工作

（图片来源：赵新那）

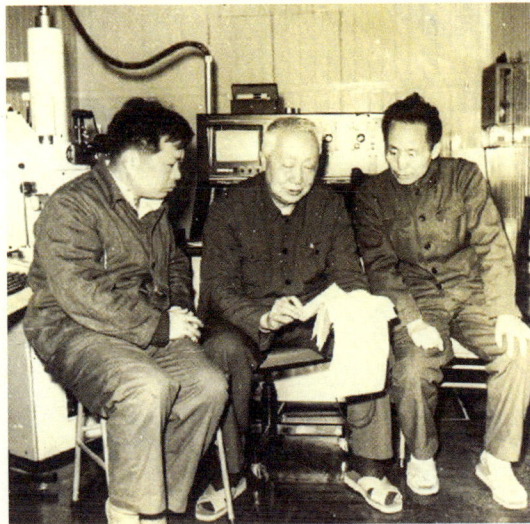

▲ 20世纪80年代，黄培云在电镜
实验室与教师徐润泽(右)和学生
林炳(左)一起研究

（图片来源：赵新那）

战争中不可或缺的材料了，它直接关系着战争的胜负。

为此，国家选派了一大批工人到苏联进修学习，以便熟练掌握硬质合金技术。即便如此，国内仍然急需培养一大批硬质合金方面的专业技术人才，以满足建设和发展需求。

1955年5月至6月，苏联方面的专家在株洲硬质合金厂领导的陪同下，到中南矿冶学院考察，当即提出希望中南矿冶学院能够培养粉末冶金方向的专门人才。中南矿冶学院从国家发展需求出发，决定在冶金系开设硬质合金专业课程。当时所有的教师中，只有黄培云在美国留学的时候选修过硬质合金课程，且仅30课时。因此，黄培云承担起了"硬质合金生产原理"这门课，从1956级冶金系的学生中抽出25人，组建第一届硬质合金班；后来从1957级的学生中同样抽出25人，组建了第二届硬质合金班。在此基础上，1958年中南矿冶学院建立了"粉末冶金"专业。1960年，中南矿冶学院招收培养了我国第一批粉末冶金专业的研究生。

随着国家发展的加速、国防建设需求的不断增加，株洲601厂生产的硬质合金材料已不能完全满足全国各方面的需要，国家开始在江西建603厂、在四川建764厂。目前，中国硬质合金总产量已成为世界第一。

1960年，中苏关系全面破裂，苏联政府单方面撕毁了同我国签订的600多个项目合同，撤走了所有在华的专家，停止供应我国国民经济建设中急需的重要设备。苏联专家在撤走的同时，带走了全部的图纸、样品、计划以及资料，这给我国的国民经济建设、国防建设造成了重大损失，加重了我国经济建设的困难程度，但也迫使中国走上自主研发、依靠自身的力量发展国防的道路。在这样的背景下，国家迎难而上，决定要通过自身的力量完成原子弹、导弹等重大军事工程项目，且将部分材料的研制任务交给了中南矿冶学院。

1960年，冶金部向中南矿冶学院下达了某分离膜的研究任务，这是实现铀同位素分离、制造原子弹的关键技术。当时中南矿冶学

▲ 黄培云夫妇与学生一起座谈
（图片来源：赵新那）

院组建了新材料研究室，一切从零开始。实验室基础条件很差，从冶金系的金相热处理教研室抽调少数的实验设备：一台苏联制造的高频炉，一台德国制造的碳管炉和油压机，再加上已经有的硅碳棒炉，这就是新材料研究室的全部家当了。在异常艰苦、物质异常匮乏的条件下，科研小组成员顶着三年困难时期的饥饿，哪怕身上出现水肿，也决不离开实验室，坚守在科研第一线。

科研的路从来不是一帆风顺的，研究小组也曾遇到研究瓶颈，就在小组成员一筹莫展的时候，黄培云撰写了一篇题为《多孔分离膜同位素的理论问题》的研究报告，给研究小组带来了新的启发和思路。经过半年多的探索，1961年3月，某分离膜项目终于迎来重大进展，实现了同位素的分离。这一成果为我国原子弹的成功研发奠定了基础。

20世纪60年代，在黄培云的带领下，新材料研究室还研制完成"钨基高比重合金"项目，成果在国家各军工领域得到广泛应用，不

培云今年八十七岁了，用英文说："Pushing 90!"了都。咱们在一起也将近60年了都。回顾跨过的岁月展望将来，我觉得最好的法子是用一本照相册来表达。你说是吗？我想采用你的院士自述跟院士思维为线索来编写这本相册做为送你的生日礼物吧。

祝你生日快乐！

新那Nova
2004/8/26

培云今年真的90岁了，咱们在一起也将近62年了都，送你的相册一直没做完，现在补充一些你自述以外的活动照片加以整理，完成这个生日卡作为90岁生日礼吧。

祝你生日快乐！

新那Nova
2007/8/26

两件半事，那半件事呢？
那半件事……

2007年8月(那)

▲ 黄培云院士九十岁生日卡
（图片来源：赵新那）

仅为我国自行研制第一颗人造卫星提供了关键材料，也是我国第一枚洲际导弹、第一艘核潜艇的关键材料。这个项目的成功得到了中共中央、国务院和中央军委的多次嘉奖，还获得了国家科学大会奖。

1979年12月13日，中南矿冶学院决定以新材料研究室为基础，成立粉末冶金研究所，黄培云任所长。1980年1月，材料系的粉末冶金教研室并入粉末冶金研究所，形成了"教学-科研-新产品研制"三位一体的综合型专业研究所。1985年7月29日，中南矿冶学院更名为中南工业大学，研究所随之更名为中南工业大学粉末冶金研究所。2000年，中南工业大学、长沙铁道学院、湖南医科大学合并组建中南大学，其粉末冶金研究所也更名为"中南大学粉末冶金研究院"。

中华人民共和国成立70余年来，在中南大学、重庆大学、北京科技大学、合肥工业大学、东北大学、华南理工大学等高校，以及株洲硬质合金集团公司、厦门钨业集团公司、自贡硬质合金有限责任公司、上海汽车粉末冶金有限公司、宁波东睦新材料集团股份有限公司等行业龙头企业的共同努力下，我国粉末冶金专业得到了快速发展，为国家培养了大批高质量专业人才，并建设了粉末冶金国家重点实验室、粉末冶金国家工程研究中心、硬质合金国家重点实验室、国家钨材料工程技术研究中心等多个国家级粉末冶金相关技术研究平台；粉末冶金材料和技术取得明显进步，材料体系、成型技术、工艺装备、技术水平、粉末冶金制品的市场份额等均提升明显。粉末冶金新材料（包括铁基粉末冶金材料、硬质合金、磁性材料、镍基粉末冶金高温合金）以及粉末冶金新型成型技术（包括粉末增材制造、放电等离子烧结和热等静压技术等）均呈现出崭新局面，推动了整个行业的发展，为我国经济建设、国防建设做出了重大贡献。

三、大展宏图——黄伯云发明航空刹车副

1945年11月24日，黄伯云出生在湖南益阳洞庭湖畔的一个普通乡村。作为农民的儿子，吃苦耐劳是其精神底色。小时候他读书很用

▲ 黄伯云在国外留学
（图片来源：于擎兰）

功，学习成绩在班上总是最好的。那时他认为架大桥、修大路、盖大房子的人都是科学家，都是对国家有大贡献的大人物，因此从小就立志做一名科学家。父亲见儿子又爱读书又有抱负，便鼓励他说："自古好儿男都讲尽忠尽孝，讲知廉知耻，要尽忠就要刻苦磨砺学到真本领，成为国家栋梁；要尽孝就要知道该做什么，不该做什么，为父母脸上增光。"父亲的家训和期待深深地烙在了黄伯云幼小的心里，他凭着自己的勤奋刻苦，一边放牛打柴，一边读书学习，于1964年9月，以优异的成绩考入当时的中南矿冶学院特种冶金系进行粉末冶金专业的学习。1969年8月，黄伯云因本科阶段成绩优异，毕业后留在本校新材料研究所从事粉末冶金科研和教学工作。

1978年是中国改革开放的开局之年，不仅恢复了高考和研究生考试，邓小平同志还做出了一个非常英明的决断，派遣大量优秀人才到国外去学习先进技术，然后回来服务国家建设需求。就在这一年，黄伯云参加了出国人员考试，他以学校参试人员总分第一的成绩被录取为冶金部出国访问学者，于1980年8月顺利地踏上留学之旅，开始了在美国爱荷华州立大学及AMES国家实验室的学习和研究工作。

机会来之不易，黄伯云争分夺秒，孜孜求学。除了钻研书本，他还把实验室当作研究创新的课堂。进校不久，导师McGee教授就安排他独立完成一个课题。作为美国材料界的权威，McGee教授当然知道课题的难度，也没有指望黄伯云能完成任务，只是想试试这名中国学生的实际能力。黄伯云接受这一课题后一次又一次地做实验，工作接近于疯狂状态，300多个日日夜夜潜心研究后，他把研究成果展示给McGee教授，教授高兴得手舞足蹈，连连称赞真是一个重大的进展："这个中国小伙子很棒！"之后又亲笔写信给中国教育部："黄先生有出色的研究才能！我们愿意为他提供全部奖学金，助其攻读博士学位。"我国教育部很快就给予肯定的答复。于是黄伯云迈上了从硕士生到博士生再到博士后的学习与科学研究之路。

▲ 黄伯云获得国家技术发明一等奖
（图片来源：刘祖铭）

　　1984年黄伯云从一份专业报纸上了解到美国的计算机发展很快，他们的计算机操作系统非常先进，联想到美国的繁荣和我国当时的相对落后，他敏感地意识到科学技术的发展日新月异，它对国民经济和社会的发展起着越来越重要越直接的推动作用，谁走到了科技的前头，谁发展就更快。于是他暗暗地给自己定下了一个目标：我是搞材料科学的，一定要搞出自己的东西，使中国的材料科学赶超世界先进水平。在美国的8年里，他先后完成了硕士、博士学位和博士后的学习和研究，发表了多篇有重大影响的学术论文，受到了美、日、法等国材料科学家的高度评价。

　　1988年9月，尽管美国许多大公司、大学和科研单位争相聘请黄伯云，薪水相当于国内许多倍，并许诺帮助其全家拿到绿卡，但他毅然结束了在美国的留学与工作生涯回到祖国，回到了母校——岳麓山下的原中南工业大学，成为改革开放后最早一批在美国完成硕士、博士学业和博士后研究工作归国的留学人员。1988年9月，新华社、人民日报先后以《黄伯云留美八年成就显著，博士后归国立业大显身手》为题，报道了他的事迹：他以优异的成绩在美国完成学业并在"钛铝高温金属间化合物单晶制备及其变形特征"研究方面取得了突破性进展，受到了美、法等国专家的高度评价，事业蒸蒸日上，但他舍弃在国外的优厚待遇，携妻带子从大洋彼岸回到了祖国，表现出新时期留学人员令人敬佩的民族气节和报效祖国的爱国主义情操。

　　在美国留学期间，黄伯云有一位从事显微硬度研究的同事奥利佛（Oliver），他把博士论文研究成果转化成了一个实实在在的产品，研制出一种显微硬度计并销售到了世界各地，获得了数以千万美元的技术回报，后又收购了美国的一家大公司。这件事使他有了切身的感受：原来科研成果与现实生产力之间的距离竟是如此之近。8年的留学经历，他深切体会到，材料加工与制备技术落后，是制约我国民族工业发展的"瓶颈"之一。为了加速高技术成果转化，黄伯云大胆地实施第二次创业。回国后，他跟踪国际最新动态，结合我国国情，主持

▲ 黄伯云院士指导研究生
（图片来源：刘咏）

了一系列重大研究，在金属间化合物、粉末注射成型、金属粉末挤压成型以及先进航空制动材料等多个领域取得了重大进展，其科研成果达到了国际领先水平。1994年起，依托国家级成果转化基地——中南大学粉末冶金国家工程研究中心，黄伯云先后建立4个高技术新材料产品孵化线，将粉末冶金工程中的一批具有国际领先水平的高科技成果进行试生产，打造了我国新材料工业领域的"拳头"品牌，创造了重大经济效益。他主持的"高性能粉末冶金飞机刹车材料制造"项目，进行了一系列的技术创新，突破了传统金属基摩擦材料存在的稳定性差、重载耐磨损性差两大技术难题，实现了我国多种民用和军用飞机金属刹车材料的国产化，不仅满足了国防建设的急需，也为国家节省了大量的外汇，1997年还获得国家技术发明二等奖。他完成的"铁基、钨基复杂精细零部件注射成型项目"，创造了一系列具有自主知识产权的新技术，为我国国防工业和国民经济建设急需的精密复杂零部件制造提供了整套关键技术，获得2003年度国家科技进步二等奖。

2005年3月28日上午，当黄伯云院士从国家主席胡锦涛手中接过国家技术发明一等奖的荣誉证书时，全场响起雷鸣般的掌声。这声音表达了人们对他的崇敬，更是对他及他所带领的"高性能炭/炭航空制动材料的制备技术"创新团队辛勤创造的充分肯定。20年的努力，7000多个日日夜夜的拼搏，共同铸就了这个已空缺6年的重大科研奖项。这一成果使我国成为继英、法、美之后第四个拥有炭/炭航空制动材料制造技术和生产该类高技术产品的国家，标志着我国在航空航天用炭/炭复合材料领域迈入世界前沿。

飞机的起降和滑行离不开刹车副，飞机刹车副用材料主要包括金属基复合材料和炭/炭复合材料。21世纪以前，金属基刹车材料为各种大型客机的主要用材。随着现代航空技术对高速度、高负荷、长寿命的要求，金属基刹车材料已逐渐难以满足航空制动性能的需求。炭/炭复合材料有比重小、高比热、高热导和优良的高温力学性能以及摩擦磨损性能等特性，且寿命是传统金属材料的5～6倍，重量仅为传统金属材料的1/4，因而逐渐取代了金属基材料。20世纪60年代末期，美国B.F.Goodrich公司成功研制了炭/炭复合材料，英国Dunlop公司于1968年开始研制炭/炭复合材料用于刹车系统，成为世界上第一家生产炭/炭刹车盘的公司。同时期，美国的Goodyear公司也开展了这方面的工作，制备出GY4000和GY5000的炭/炭复合材料。目前，炭/炭复合材料已应用于几乎所有的航空机轮刹车装置中。

2008年，我国为了航空战略安全和工业发展需求，开始了C919大型客机（COMAC C919）的研制。这是中国首款按照最新国际适航标准，与美法等国企业合作研制的干线民用飞机。C是China的首字母，也是商飞英文缩写COMAC的首字母，第一个"9"的寓意是天长地久，"19"代表的是中国首型大型客机最大载客量为190座，C919大型客机是建设创新型国家的标志性工程，是中国民航业发展历程中的里程碑，意味着中国航空装备制造水平迈上了新台阶。炭/炭复合材料刹车副是C919国产大飞机研发中的核心技术之一，该技术被发达国家列入出口管制清单，严禁出口。黄伯云率领团队参与了C919机轮及刹车系统研发，经过刻苦攻关，研制了具有自主知识产权的炭/炭航空刹车副及系统，满足了C919大飞机的技术需求，助力实现了中国的"大飞机梦"。2017年，黄伯云院士团队获得"C919大飞机首飞先进集体"荣誉称号。

四、知识小贴士：航空用粉末冶金材料

刹车材料是各种制动装置和摩擦传动系统中不可或缺的重要组成部分，其作用在于将运动的交通运输工具的大部分动能，通过刹车材料的吸收与消散，转换成热能，从而起到制动的作用。在飞机着陆的刹车瞬间，摩擦热可使刹车盘表面温度高达1200℃以上。随着现代航空科学技术和飞机制造业的发展，飞机的着陆速度和载重越来越大，因而对刹车盘的材料性能也提出了越来越高的要求，包括合适而稳定的摩擦因数、耐磨损、耐高温、力学性能好等特性。

金属基摩擦材料，主要是由基体组元、摩擦组元和润滑组元组成的复合材料，其中基体组元一般选择金属或合金，摩擦组元和润滑组元多为陶瓷特征物质。三类组元性能上相互配合，功能上各司其职。然而，由于摩擦材料的组分很多，物理、化学性质各异，难以均匀混合和牢固结合。粉末冶金技术可实现金属、陶瓷材料等不同性质材料的均匀混合和冶金结合，是解决金属基摩擦材料制备技术难题的最佳方案。

粉末冶金摩擦材料的分类方法较多，通常按材料基体可分为铁基、铜基和铁-铜基等。铁基粉末冶金摩擦材料的优点是耐高温、承受负荷大、价格低廉，但与钢铁对偶材料配对使用时，由于具有亲和性，易发生相互黏结。通过加入其他元素粉末，使铁合金化以降低铁的塑性，提高其强度和硬度，在很大程度上可以克服这一缺陷。铜基粉末冶金摩擦材料由于其良好的导热性，与钢对偶材料作用时摩擦因数高，耐磨性好，也被广泛应用于各种飞机制动装置中。为了综合利用铁、铜的优异性能，克服其各自的缺点，又发展了铁、铜比例几乎

相等的铁-铜基粉末冶金摩擦材料。

我国航空摩擦材料研究始于20世纪五六十年代，包括铁基和铜基材料，主要是为进口飞机刹车组件提供国产替代件，以及为自制飞机配套高性能刹车材料。20世纪70年代以后，粉末冶金金属基摩擦材料已广泛应用于我国民用和军用飞机，且性能优于国外产品，完全替代了进口。20世纪90年代以后，随着飞机减重和长寿命的迫切要求，金属基摩擦材料逐渐被炭/炭复合材料替代。

粉末冶金高温合金是另一种重要的航空用粉末冶金材料。航空发动机是飞机的心脏，而粉末冶金高温合金涡轮盘则是发动机的心脏。高温合金是指在600℃以上的高温仍具有较高力学性能、抗氧化和耐腐蚀性能以及良好的抗疲劳性、断裂韧性等综合性能的金属材料。粉末冶金高温合金主要以镍为基体，添加有 Co、Cr、W、Mo、Al、Ti、Nb、Ta 等多种合金元素，通过热等静压和等温锻造等方法制造而成。粉末高温合金比铸造高温合金成分更均匀，组织更细小，因此具有优异的高温强度、抗疲劳和抗热腐蚀等综合性能，广泛应用于航空发动机、航天发动机、燃气轮机、核电部件等关键领域。我国粉末高温合金的研究起步相对较晚，国产粉末盘件存在夹杂物尺寸偏大，晶粒轴向夹杂物聚集等问题。从 1977 年开始，北京钢铁研究总院等单位陆续引进、设计、制造了生产高温合金用的氩气雾化制粉装置、粉末处理设备、热等静压机、等温锻造机，于1980 年基本建成了较完备的粉末高温合金研制生产线。迄今，我国已研制出了多种牌号的粉末高温合金，可在750℃高温下满足航空发动机高推重比、长寿命的要求，应用于制造发动机叶盘、叶片、鼓筒轴等关键部件。近年来，我国学者紧随国际步伐，开展了第四代粉末高温合金成分设计与制备等工作，以满足推重比为 15～20 航空发动机的需求。该发动机工作时，其涡轮前温度可达到 2000℃，高压涡轮盘的最高工作温度达到 810℃或者更高。

◯

后 记

这是一次神秘的遇见。

这是一次不断邂逅惊喜的旅程。

这是一次"蓦然回首，那人却在灯火阑珊处"的感悟。

在《金粉传奇——粉末冶金与人类文明》一书最后一次集体统稿会的前夕，我终于能够"强迫"自己静下心来，回顾近一年来我们团队"沉浸式"的创作过程与激情碰撞的心路之旅。

我和本书另一主编刘咏教授是相识十多年的好朋友，从一开始我就深知他是颇有来头的粉末冶金专家，然而十多年间我们无数次的相聚畅聊却几乎从未涉及他的专业领域——这当然主要是因为我对这一领域的无知。反倒是在刘咏教授第一次为我的讲座担任主持时，我就领教了他在古典文学领域的博学。那时我们都是中南大学第一届青年科协的副主席，我主讲陆游。刘咏教授在主持过程中信手拈来的诗词与恰到好处的"掉书袋"，让我对这个名字谐音"柳永"的青年学者肃然起敬，也对粉末冶金这个中南大学重要的学科刮目相看。

当然，这次讲座也加深了我的一个偏见（相信也曾是很多人的偏见）：理工科学者具有深厚的人文素养相对容易做到，而文科学者想要深入理解科技领域却难上加难。因此在持续十多年的交往中，我们的话题会经常从中国古代词人李清照、晏殊跳到欧洲的查理曼大帝，但几乎从不谈论矿产、材料或者粉末冶金……

直到2020年12月底，在我们几乎已成惯例的迎新年聚会中，坐在我旁边的刘咏教授忽然说了一句："我们文学和粉冶合作写一部粉末冶金发展史吧，就叫《金粉世家》怎么样？"

也许是"金粉世家"这个太过熟悉的标题吸引了我的注意，我转过头认真看了看他的眼睛，确信他不是心血来潮。因为他紧接着又说了一句："这事儿我琢磨好久了，已经拟了一个大致的提纲，过了元旦就请你带着你的团队来粉冶院参观考察，我们一起讨论一下。"

他似乎没给我犹豫更不打算给我拒绝的余地。我喜欢这种单刀直入不容置疑的风格，于是，我翻了一下自己的日程备忘录，说："好，1月8日下午可以吧？"

就这样一言为定。

2021年1月8日下午，刘咏教授和他的团队带着我们古代文学师生一行5人开启了一场"神秘"之旅：我们第一次迈进了粉末冶金研究院陈列室，第一次亲手触摸那些不同质感的"材料"——那些材料制成的产品，例如飞机刹车片，我们早已如雷贯耳，但第一次见到"本尊"，再加上粉末冶金学者们在一旁如数家珍又深入浅出的讲解与介绍，我们依然感受到了前所未有的震撼——如果说，此前的我们还是怀着一点好奇心、一点不自信想看看这次与粉冶专业的合作究竟有没有可能，那么，正是从这个下午的参观考察开始，我真正感受到了来自内心的一种强烈动力：粉末冶金专业拥有如此厚重的历史，如此辉煌的现在，以及终将不负使命的未来，我们应该有责任亦有能力为这个学科的发展添上我们的一份热情、诚意与力量。

于是，由粉末冶金研究院和文学与新闻传播学院组成的十人核心创作团队迅速在主要思路、大体结构、重点素材、内容分工等几个方面展开了细致讨论并基本达成了一致意见。多亏刘咏教授的团队在此之前已经做了大量的素材搜集和历史脉络梳理的准备工作，这才使得我们在接下来的寒假可以全力以赴投入到书稿的撰写之中，并且在春节前就拿出了样章；大年初二团队所有成员就通过线上会议的形式对样章进行讨论、修改与完善……记得那天我还感叹地发了一条朋友圈：我肯定是过了一个假的春节。

是的，那是一个激情燃烧的寒假——创作过程的兴奋与忘我，我其实常有体验，但这一次的体验显然与以往的任何一次都不同。以往的写作基本还是在我熟悉的古代文学研究与传播的思维模式里进行，但这一次的写作让我发现：那些我自认为相当熟稔的文学经典与历史掌故，竟然同时也蕴含着粉末冶金技术发展的线索，甚至还清晰地勾勒出粉末冶金发展历史的重要节点。我仿佛有了跳出"庐山"才真正发现了"庐山"别样美景的激动与惊喜。而粉末冶金团队与文学团队在合作中从最初的生疏，到逐渐加深对彼此的了解，再到如今心有灵犀的默契，我们仿佛经历了一次蜕变与新生。

是的，文学绝对不仅仅只是文人的文学，她还是粉末冶金的文学，是社会生活中一切专业领域的文学。这样的认知，我以前并非没有，但只有真正深入其中某一专业深邃的天地，才能明白文学博大的胸怀与科技不懈的追求是如何紧密交织在一起，共同构建了我们置身其中却习焉不察的悠长历史与美好现实。

也正因此，当这部书稿最终定名为《金粉传奇——粉末冶金与人类文明》并以我们基本满意的形态呈现在我眼前的时候，我的快乐已不是简单地来源于又完成一部作品的如释重负，而是来源于这个漫长的创作过程中我们经历过的一切：无数个在微信群里讨论得热火朝天的不眠之夜，无数次脑洞大开的创意碰撞，无数次就某一条文献、某一个素材、某一个数据的反复求证……我们当然做不到完美，但我们尽量做到了精益求精和不留遗憾。

感谢黄伯云院士和周科朝教授在百忙之中阅读书稿，为我们纠错并且提出宝贵建议。

感谢建筑与艺术学院罗红胜教授深夜还帮我们搜索关于松烟墨的文献资料，为我们提供更加准确的信息。

感谢长沙铜官窑遗址管理处刘洪波主任及其团队的鼎力支持，在我们眼前展示了陶瓷发展的悠久历史，"黑石号"沉船珍贵文物历经千年跋山涉水终于回归故乡的坎坷旅程也记录着他们的用心付出。

感谢中国工程院外籍院士、美国工程院院士刘锦川教授为我们的书稿把关，并赐序对我们的工作给予高度评价和殷殷期望。

特别感谢黄家林教授提供了赵新那老师为黄培云院士九十大寿精心制作的电子生日卡以及其他历史照片，我们跟随着那些珍贵的照片与平实深情的文字，仿佛重新走过了一个世纪的风云历史，经历了中南大学先贤筚路蓝缕的垦荒历程，更感动于相濡以沫志趣相投长达六十多年的伉俪情深……

当然，也要感谢我们自己，终于有了这样一份勇气去开启这段充满挑战更不断遇见惊喜的研究与创作旅程，并且，依然怀着这样的勇气与责任去面对和接受方家与读者的教正。

而我，还要感谢粉末冶金这一科技领域，感谢这一次合作为我打开了又一扇观察世界的窗户，让我看到并且深信：文学中一切不羁的想象和璀璨的梦境终究会以科技的形式得到圆满。

杨 雨

2021年中秋

图书在版编目(CIP)数据

金粉传奇：粉末冶金与人类文明／刘咏，习婷，杨雨
编著. —长沙：中南大学出版社，2022.3
ISBN 978-7-5487-4792-5

Ⅰ. ①金… Ⅱ. ①刘… ②习… ③杨… Ⅲ. ①粉末冶
金－文化史－中国②诗歌欣赏－中国 Ⅳ. ①F426.3
②I207.22

中国版本图书馆 CIP 数据核字(2022)第 004877 号

金粉传奇——粉末冶金与人类文明

刘咏　习婷　杨雨　编著

□出 版 人	吴湘华	
□策划编辑	刘颖维	
□责任编辑	刘锦伟	
□封面设计	李芳丽	
□责任印制	唐　曦	
□出版发行	中南大学出版社	
	社址：长沙市麓山南路	邮编：410083
	发行科电话：0731-88876770	传真：0731-88710482
□印　　装	湖南鑫成印刷有限公司	

□开　　本	710 mm×1000 mm 1/16	□印张 15.25	□字数 208 千字
□版　　次	2022 年 3 月第 1 版	□印次 2022 年 3 月第 1 次印刷
□书　　号	ISBN 978-7-5487-4792-5		
□定　　价	78.00 元		